言葉の魔法・人生を変える実践ガイド

あなたが使う言葉で、
思考、感情、行動を変える!

坪井波子 著

セルバ出版

はじめに

言葉の旅に出ようよ！　人生が変わるようなすごい冒険が待ってるから！

言葉の魔法

本書は、言葉の魔法を使い、あなたの心と体を最高に輝かせ、あなたが望む人生を歩む旅への招待状です。


星が瞬く闇夜の中、私たちは言葉の魔法に包まれています。

言霊パワーが、人生の荒波を静め、未知の地平線へと導く手助けとなるでしょう。

日々の生活で交わる言葉は、私たちの心と体に深い影響を与えます。

その魔法の力で新たな可能性を切り拓くことができるでしょう。

ここでは、言葉が紡ぐ魔法の糸が、あなたの心を包み込み、内なる輝きを引き出すことでしょう。

言葉のパワー

言葉は単なる伝達手段以上のものであり、その中には目に見えない強力なエネルギーと変化をもたらす力が秘められています。

言霊パワーの概念では、言葉それ自体が持つ振動とエネルギーが、私たちの現実世界を形成し、心や周囲の環境に深い影響を与えるとされています。

言霊パワーは、私たちの言葉が持つエネルギーの源です。

それはあなたの内なる光を輝かせ、人生の舞台を照らすことができる不思議な力です。

この冒険のはじまりである「はじめに」では、言葉の旅への期待感と興奮が交錯し、新たな人生への扉が開かれます。

素晴らしいあなたへ

本書は鏡のような存在となり、その輝きをより一層引き立てるでしょう。

言葉の魔法が奏でるメロディーは、あなたの心を優雅に揺さぶり、未知の可能性に向けて一歩踏み出す勇気を与えてくれることでしょう。

本書を、まるで宝箱を開くように、あなたの好きな方法で探索しましょう！

はじめから1つひとつ丁寧に読むもよし、心を惹かれる項目を自由に選んで楽しむもよし、または偶然めくったページからその日のインスピレーションを受け取るもよし。

本書に込められた魔法の言葉たちは、あなたの心の中に静かに響き、日々の生活に幸せと洞察を与えてくれるでしょう。

自由な心でこのページをめくり、あなた自身のペースで、更にくりかえし読むことで、新たな発見と喜びに満ちた読書の旅を楽しんでください。

それぞれの言葉が、あなたの人生に豊かな色彩と光を加える魔法となるはずです。

心と体が最高に輝く

この言葉の冒険は、あなたの人生を彩り豊かにし、魔法のような瞬間に満ちたものに変えるでしょう。

心と体が最高に輝くための言葉の秘密を解き明かし、新たな光景へのドアを開ける旅に、ぜひご一緒に参加してください。

夢を具現化するプロセス

夢を現実に変える旅は、まず心に描かれた鮮やかなビジョンからはじまります。

このビジョンは、具体的な言葉に変換され、夢を抽象から現実の形に落とし込む魔法のようなプロセスです。

言葉は、内なる欲求と外界をつなぐ架け橋であり、繰り返し使うことで思考を形づくり、行動へと導きます。

毎日のアファメーション、日記の記述、目標に向けた会話が、夢を現実に近づける鍵となります。

この言葉の力によって加速される旅は、あなたを夢に一歩ずつ近づけ、新たな章へと導きます。

夢が現実となる瞬間、それは目標達成を超えた、あなたの内なる力、信念、そして言葉の力の真の証明となります。

この瞬間には、自己実現の喜びと新たな可能性の扉が開かれ、あなたの言葉が創り出した現実は、星々が輝く夜空のような美しさとインスピレーションを与えます。

この感動的な旅の終わりに、深い充実感を胸に、新たな夢への歩みをはじめるあなた。

言葉が描く未来は無限に美しく、常に新しい冒険へとあなたを誘います。

夢が現実となるその日まで、言葉を信じ、夢を追い続けてください。

夢は永遠に続く旅のように無限大で、1つの目標を達成するごとに新しい夢があなたを待っています。

この旅の終わりは、新しいはじまりの合図。

あなたの無限の可能性が輝きを放つ新しい未来が、ここにあります！

夢はインフィニティ∞無限です！

そして、また新しい夢（ゴール）へ

２０２４年２月

坪井　波子

言葉の魔法・人生を変える実践ガイド　あなたが使う言葉で、思考、感情、行動を変える！　目次

第5章　心をつなぐレシピブックをつくろう！

第6章　言葉の魔法、日常で使うコツ！

第7章　言葉が創る人生の質！　同じ意味を見つけよう！

第1章

言葉は、
人生を華やかに彩る
“特別なスパイス”！

1　言葉の神秘と魔法を一緒に探る旅に出ませんか？

言葉は宇宙との共振のはじまり

言葉は宇宙のＤＮＡのように、私たちの心に響き、不思議な力を秘めています。

この力に触れることで、人生に新たな輝きをもたらす旅がはじまります。

言葉は、宇宙との共振を生み出し、私たちの存在を形づくるコードです。

発せられるたびに、私たちはその波動に包まれ、変化していきます。

神秘的な言葉のエッセンスを感じ、心が奇跡のような変容を遂げる瞬間に立ち会いましょう。

言葉の魔法に身を委ね、どのような冒険が待ち受けているかを楽しみにしてください。

言葉という魔法のスパイスが、日々に新たな意味と色彩を与えます。

朝の目覚めから夜の静寂に至るまで、言葉は経験を深め、豊かにするための鍵です。

言葉は共鳴する宇宙の無限∞の可能性

言葉は宇宙と共鳴し、無限の可能性を秘めています。

あなたの毎日の物語は、これらの言葉によって、より輝かしいものへと変わるでしょう。

ポジティブなアファメーション、感謝の言葉、夢への想いを込めた言葉が宇宙の可能性と共鳴し、人生に新たな可能性と驚きをもたらします。

だから、１つひとつの言葉を大切にし、内なる声に耳を傾けましょう。

その声があなたを真の冒険へと導く道です。

☆未来創造へのアクションプラン

言葉の神秘と魔法を探る

自分の使っている言葉に意識を向け、その言葉が持つ力を感じてみましょう。

日記やノートに、日常で使った言葉とそのときの感情を記録して、言葉が心にどう影響するかを観察します。

2　言葉は魔法みたいに人生のガイドになります

人生の味わい

言葉は、人生に特別な風味を加えるスパイスです。

選ぶ言葉によって、人生の味わいが大きく変わります。

特別な言葉は、未来への道を示すコンパスとなることもあり、私たちの経験や感情に深い影響を及ぼします。

まるで料理にスパイスを加えるように、言葉1つですべてが変わる可能性があります。

あなたの人生にどんな風味を加えますか？

人生の羅針盤

言葉は私たちの人生の旅路を照らし、進む方向を定めます。

言葉が人生のコンパスとなり、新たな冒険へと誘う方法を探ります。

このコンパスは、現在から未来へ進むための指針となり、言葉はその中で驚くべき力を発揮します。

一言が人生の方向を大きく変え、旅路を彩り豊かにし、冒険に満ちたものに変えることができます。

言葉は、自分自身を知り、目指すべき方向を見つけるのに役立ちます。

人生のコンパスを使って目指すべき方向を知る

言葉が私たちの内なるコンパスを活性化させ、目標に向かって進む力となる方法を探求します。

言葉の選び方や育て方が、成功や幸福にどれほどの影響を与えるかを明らかにし、言葉が描く人生のマップを探ります。

言葉のコンパスを手に、新たな方向へと船出する準備をしましょう。

☆未来創造へのアクションプラン

人生のガイドとしての言葉

自分の目標や価値観を表すキーワードを選び、それを毎日意識的に使ってみましょう。

これらの言葉が自分の行動や決断にどう影響するかを見て、方向性を確認します。

3　心の旅へ、言葉で自己発見しよう！

心のガイドブックは自己発見の道標

言葉は私たちの内面と向き合う旅において、自己理解の鍵を握ります。

意味深い言葉やフレーズは、自己発見の道しるべとなり、私たちの心を豊かにします。

共感の糸

心の奥深くに秘めた感情や経験を言葉で表現することで、共感の花が咲きます。他者との共感を通じて、心は支えられ、理解されます。

言葉が織りなす共感の糸は、自己認識と受容のプロセスを促進します。

これらの糸は、私たちが自分自身と他人との関係を深めるための架け橋となり、心の奥深くに眠る本当の自己を明らかにします。

希望とポジティブなエネルギー

言葉には、厳しい状況や複雑な感情の中で、心に希望と光をもたらす力があります。前向きで希望に満ちた言葉は、困難に立ち向かう力強さを呼び覚まし、真実を優しく伝えることで、自己受容と成長への道を開きます。

自分との対話

自己の内なる声に耳を傾けることで、最も深く心に響く言葉に出会えます。前向きな言葉は希望を育み、否定的な言葉は受け入れと変化のはじまりを告げます。この対話は、自分自身を豊かにする冒険と発見の旅です。

ポジティブなアファメーション、瞑想、ジャーナリング

ポジティブなアファメーションは自己愛と自尊心を育むのに役立ちます。例えば、「私は価値がある」「私は愛されている」「私は十分に強い」といった言葉は、自己疑念に対抗し、心を育て、癒し、強化します。

瞑想では、心の中の言葉に耳を傾け、内面の平和を見つけることができます。ジャーナリングは、自己理解を深める強力なツールです。日々の感情や思考を記録することで、内面的成長を追跡し、心のパターンを理解できます。

言葉の力を探求する

言葉を使って自分自身を理解し、人生に彩りを加える方法を探求します。

自分自身との対話を深め、内面の光を最大限に引き出すことで、自己発見の旅がより豊かになります。

☆未来創造へのアクションプラン

言葉で自己発見の旅を

自分の感情や思考を言葉で表現する練習をしてみましょう。

自己反省や自己対話を通じて、内面を深く探り、自己理解を深めます。

4　心の琴弦に響く言葉のメロディー、感情の音楽を奏でよう！

心の琴弦に触れる言葉

言葉は、私たちの心の琴弦に触れる力を持っています。

言葉が心に響くとは、私たちの内面の感情や思いに深く共感し、理解を呼び起こすプロセスを意味します。

これはまるで、言葉が心の琴弦に触れ、感情の美しい旋律を奏でる魔法のようなものです。言葉は心を揺さぶり、感動を引き起こす力を秘めています。

この力は、感情のパレットに多様な色を加え、心を動かす音楽のように私たちを感情の深みへと導きます。

感情の音楽を奏でる言葉

感情の音楽を奏でる言葉は、時に傷ついた心を癒し、時に喜びを分かち合い、新たな感覚体験へと導きます。

言葉が適切に選ばれ、心を込めて編み出されると、感情の扉を開く魔法の呪文のように働きます。

この感情の音楽は、言葉の力強さや美しさから生まれます。

新たな感情の次元を開拓する

新たな感情の次元を開拓するために、言葉が心に奏でる美しい旋律を感じ、自分自身もその旅に参加することが大切です。

言葉で心を動かすメカニズムの奥深さを探り、豊かな感受性へと誘われる体験をしましょう。

私たちは言葉を通じて自分自身や他者と深くつながり、感情を共有することができます。

言葉の選択や表現の仕方が、私たちの感情や考えを形づくり、人生の物語を紡ぐのです。

このように、言葉は単なるコミュニケーションの手段を超え、私たちの感情や人生に深い影響を与える芸術的な要素を持っています。

心の琴弦に触れる言葉を見つけ、感情の音楽を奏でることで、私たちはより豊かな内面の世界を探求し、人生を豊かに彩ることができます。

☆未来創造へのアクションプラン――心に響く言葉のメロディー

心に響く言葉やフレーズを集め、それを繰り返し読み返してみましょう。

これらの言葉が感情にどのように影響するかを感じ取り、心の奥深くに響く言葉を見つけ出します。

5　言葉はパワフル！　行動へのスパークだよ！

言葉で行動のスイッチを入れよう！


言葉は私たちの行動を促す強力なスイッチです。

日常の繰り返しから一歩踏み出し、新しい道を歩みはじめる勇気を与えてくれます。

風が帆を膨らませるように、言葉は私たちを前進させる力を持っています。

決断を下す勇気や目標達成へのエネルギーを与えるのです。

小さな思いが大きな行動に変わる

言葉には、心の中の小さな思いを大きな行動へと変える力があります。

「挑戦しよう」「可能性を信じよう」「夢に向かって進もう」という言葉は、私たちに勇気を与え、行動を起こす気持ちを高めます。

これは、心の中にある小さな思いが、実際の行動として現れる瞬間です。

新しい冒険への誘い

さらに、言葉は新しい冒険へと私たちを誘います。

「チャンスを掴もう」「常に進化しよう」「一歩踏み出そう」という言葉は、新しい道への一歩を踏み出すための触媒となります。

これらの言葉は、積極的な行動を促し、新たな可能性へと導く力を持っています。

言葉で心と行動を元気にしよう

言葉は私たちの心と行動を元気づけるための素晴らしいツールです。

自信を高め、モチベーションを向上させることで、心と行動を活性化させます。

これらの言葉が、私たちの心を元気にし、新しい可能性を開く一歩となり、目標に向かって進むための力となるのです。

言葉には変化を生み出す力があり、私たちを成長させ、新しい道へと導く魔法のような存在なのです。

自分自身に向ける言葉、他人に伝える言葉が、日々の生活にポジティブな変化をもたらし、未来への道を照らします。

☆未来創造へのアクションプラン

行動を促すパワフルな言葉

毎日使う言葉の中で、行動を促すようなポジティブなフレーズを意識的に取り入れましょう。

これらの言葉が自分の行動や決断にエネルギーを与えるかを観察します。

6　言葉で未来を描こう！　夢と現実を結ぶ想像の旅！

言葉は未来を描く画家のように

言葉は未来を描く画家のように、私たちの心に描かれる未来のキャンバスに、鮮やかな夢を描き加えます。

これらの言葉は新しい可能性を開き、未来への道を照らしてくれます。

まるで夢の中の風景を現実にするかのように、言葉は私たちの心を捉え、理想の世界への扉を開きます。

無限の可能性を照らす言葉

言葉には無限の可能性を照らす力があります。

宇宙を旅する星のように、希望や情熱を私たちの心に植え付け、新しい世界への道案内をしてくれます。

言葉は夢と現実をつなぐ架け橋となり、夢の風景を現実のものに変えていきます。

これらの言葉は私たちを積極的な行動へと導き、新たな現実を築く役割を果たします。

言葉が生み出す未来のビジョン

言葉によって描かれる未来のビジョンは、私たちの心に鮮やかに映し出され、夢と現実がつながり、未知なる道へのワクワク感が生まれます。

言葉の力で描かれる未来の風景を通じて、新たな冒険への出発を楽しみましょう。

私たちは言葉を使って、心の中にある理想の世界を具体的に描き出し、それを実現するための道を探します。

言葉は未来の扉を開く鍵であり、私たちの希望や願望を形に変えます。夢に向かって進む際、言葉は道しるべとなり、目標達成への確固たるステップを提供します。

夢を現実に

夢を現実に変えるための最初の一歩は、しばしば言葉からはじまります。

夢を語ることで、私たちはその夢を現実のものとしてイメージし、実現に向けた行動を取りはじめることができます。

言葉は私たちに勇気を与え、夢を現実にするための具体的な計画を立てるきっかけとなります。

さらに、私たちが使う言葉は他人にも影響を与え、共感や支援を生み出すことができます。

このように、言葉は単なるコミュニケーションの手段を超え、私たちの未来を創造する強力なツールです。

言葉によって描かれる夢の風景は、私たちの心と現実の世界を結びつけ、新しい可能性の扉を開くのです。

言葉の力を信じ、夢と現実を結ぶ想像の旅に出発しましょう。

☆未来創造へのアクションプラン

夢と現実をつなぐ言葉

自分の夢や願望を具体的な言葉で表現し、それを日々の生活に取り入れてみましょう。

夢を言葉にすることで、それが現実のものとなる過程を体感します。

夢を具体的な行動計画に変え、言葉の力で一歩ずつ現実に近づいていきましょう。

7　シナリオライターみたいに自分の物語を創ろう！

自分だけの話を創ろう

自分だけの特別な話を創り出しましょう。

あなた自身が物語の作家となり、自分の人生をドラマチックな物語へと昇華させてみてください。

あなたの言葉が、自分自身の物語に色と命を吹き込むのです。

心の中に思い描いた話を言葉にし、現実のものとして表現することで、あなただけのユニークな物語が誕生します。

心の中のアイデアを言葉にしよう

心の中で描くキャラクターや場面、夢や願望を言葉で形にしましょう。

あなたの内面に秘められたアイデアや感情、思い出を言葉に変えることで、新しい物語の扉が開かれます。

あなたが物語の主人公

あなた自身がその物語の主人公となり、自分の感情や経験、夢や挑戦を物語に織り交ぜていきましょう。

あなたの物語は、あなた自身の心を表現する最もパーソナルで素晴らしい方法の1つです。

自分の物語を楽しもう

自分の言葉でドラマチックな物語を創り上げ、自分の経験や感情を物語に織り交ぜながら、新しい世界を創造しましょう。

想像力を駆使して、自分だけの冒険やロマンス、挑戦を物語にして、心の中の冒険を楽しみながら、新しい話を紡いでいくのです。

このプロセスは、自分自身をより深く理解する手段となります。

自分の過去を振り返り、現在を分析し、未来に向けた希望や夢を描くことで、自分自身の成長と発展を促進します。

また、この物語づくりは、日常生活のストレスから解放されるリフレッシュの機会ともなり得ます。

創造的な表現を通じて、自分の感情や考えを表現し、新たな自己発見の旅に出ることができるのです。

自分だけの物語を楽しむことで、現実生活においても新たな視点やインスピレーションを得ることができます。

あなたの物語は、あなたの心の奥深くにある価値観や思いを反映し、自分自身をより豊かにする手段となります。

自分の物語を通じて、自分だけの世界を創り、自分自身の心の旅を楽しみましょう。

☆未来創造へのアクションプラン

夢と現実をつなぐ言葉

自分の夢や願望を言葉で描き、毎日を舞台にそれを実現させましょう。

あなたの物語を、自らの言葉で創造する旅に出るのです。

★この章を通じて、言葉の持つ驚くべき力を深く理解し、それを毎日の生活に積極的に取り入れることで、人生を豊かにする方法を見つけ出すことができます。

言葉1つひとつが、あなたの日々を豊かにし、夢への一歩を照らす魔法の光となるでしょう。

言葉は単なるコミュニケーションの道具ではなく、あなた自身の人生を形づくる強力な道具です。

あなたの内面の思いや夢を言葉にすることで、それらは具体的な現実へと変わり、あなたの人生を思いのままに導きます。自分の人生を豊かにする物語を創ることは、自分自身の可能性を最大限に引き出し、毎日を意味あるものにする鍵となります。自分だけの特別な物語を心に描きながら、未来への一歩を踏み出しましょう。

第２章

言葉で夢を引き寄せる！
引き寄せの魔法って
すごい！

1　言葉の響きで夢を現実に！　引き寄せのパワーだよ！

言葉の力で夢を現実に変える

言葉には、私たちの心に深く響き、望む未来を引き寄せる不思議な力があります。

まるで魔法の杖のように、言葉は私たちの周囲にポジティブな影響を広げ、望む未来への道を照らします。私たちの思考や感情に影響を与え、夢や目標に向かって進む勇気を与えるのです。

夢への扉を開く魔法の言葉

夢への扉を開く魔法の言葉には大きな力があります。

「可能性」「成功」「幸福」といったポジティブな言葉は、心に響き渡り、私たちの現実を美しく彩ります。

これらの言葉は、夢への招待状であり、私たちの人生に希望と変化をもたらす魔法のような存在です。

言葉は私たちの心を明るく照らし、ネガティブな感情や考えを払いのける力を持っています。

ポジティブな言葉で心を満たすことは、自分自身だけでなく、周りにもよい影響を与えることができます。例えば、「成功している」「愛に満ちた人生」「成長と学び」といった言葉は、新たな視点を開き、現実をポジティブに変えていきます。

これらの言葉は、私たちの潜在意識に働きかけ、自己実現への道を照らす光となります。

夢を形にする言葉のチカラ

夢を形にする言葉の力を信じて、実践しましょう。

言葉は、夢を現実に変える鍵です。魅力的な言葉が心に響き、情熱をかき立て、行動を起こすための動機づけとなります。

「夢を叶える」「自分を信じる」「楽しさを追求する」といった言葉で、夢を実現させる力を引き出しましょう。

言葉は私たちの思考と感情を形づくり、未来への道を切り開くための強力なツールです。

この魔法のような力を信じ、積極的に活用することで、私たちは自分の夢や目標に一歩近づくことができるのです。

☆未来創造へのアクセス

夢への毎日の宣言

毎朝、自分の夢を紙に書いて読み上げる。鏡の前で自分の夢を大声で宣言し、その実現を心に描く。

2　言葉とタイミングで「今」を輝かせよう！

「今」を輝かせる言葉のチカラ

言葉は、私たちの「今」を特別なものに変える力を持っています。
正しい言葉を選ぶことで、今この瞬間を最大限に生きられます。

「今」を生きる魔法の瞬間

今を生きることは、日々の魔法のようなものです。言葉を使って、今を豊かにしましょう。「感謝」「喜び」「愛」といった言葉が、今の瞬間を輝かせます。

言葉とタイミングの重要性

適切な言葉を適切なタイミングで使うことで、素晴らしい未来を引き寄せます。
この力を使って、理想の未来へと進みましょう。

「今」に力を与える言葉

「今」に込める言葉は、人生を美しくします。「勇気を持って」「夢に向かって進む」「自分に素直に」など、力強い言葉を選んで、人生の流れに乗りましょう。

☆未来創造へのアクセス――

現在を大切にする言葉選び

日記やノートに「今日感謝したこと」を書く。日々の小さな喜びや成功を記録し、それを読み返す。

3　行動を起こす魔法の言葉！　さあ、種をまこう！

行動を起こすための言葉の魔法は、私たちの内面に眠る可能性を呼び覚ます力を持っています。

行動を起こすための言葉の魔法

言葉は新しい冒険への扉を開き、行動を促すための強力なツールです。この章では、行動を起こすための魔法の言葉を紹介し、その力を実感していただきます。

勇気をくれる言葉

勇気をくれる言葉には大きな力があります。

「挑戦」「冒険」「可能性」といった言葉は、私たちの心に勇気を吹き込み、新しいことへの挑戦を促します。

これらの言葉を使うことで、恐れや不安を乗り越え、行動へと踏み出す力が湧き上がってきます。

夢を現実にする言葉

夢を現実にするための言葉は、私たちの目標に向かう意志を強化します。

「実現」「計画」「決意」といった言葉は、夢や目標を具体的な行動に変えるための指針となります。

これらの言葉を使って、具体的なステップを踏み出し、夢への道を切り開きましょう。

ポジティブな行動を促す言葉

ポジティブな行動を促す言葉は、前向きな姿勢をつくり出します。

「前進」「成功」といった言葉は、私たちを前向きな行動へと導き、新しいチャレンジへの一歩を後押しします。

これらの言葉を心に留めることで、私たちはより積極的で意欲的な行動を取ることができるようになります。

ポジティブな言葉選びは、夢への道を照らし、持続的な成功へ導く力を持っています。

新しいスタートのための言葉

新しいスタートのための言葉も重要です。

「はじまり」「進化」「成長」といった言葉は、新しいステージへの準備を促し、変化と成長のプロセスを楽しむための手助けとなります。

これらの言葉は、私たちの内面に秘められた可能性を引き出し、新しい道への一歩を踏み出す勇気を与えてくれます。

このように、行動を起こすための魔法の言葉は、私たちの心と行動にポジティブな影響を与え、新しいチャレンジに向かって進むための強力なサポートとなります。

これらの言葉を心に刻み、自分の可能性を最大限に発揮しましょう。

勇気を出して一歩を踏み出し、新しい未来への道を切り開くための種をまき、夢を現実に変える旅をはじめましょう。

☆未来創造へのアクセス

行動促進のための言葉

「今日行動すること」リストをつくり、それに向かって取り組み、行動に移す前にポジティブな言葉を使い、自分を魔法にかける（行動のための魔法言葉）。

毎日の行動を自信と決意で満たし、目標達成への道を確実に進むことができます。

4　感情の庭、キラキラの心の花を育てよう！　どれを選ぶ？

心の庭で感情の花を育てることは、私たちの内面を豊かにする素晴らしい旅です。

心の庭で感情の花を育てよう

心は感情の花で溢れる庭のようなもので、私たちはその庭師となり、どの花を育てるかを選びます。この庭で育てることができる花々を詳しく見てみましょう。

愛と優しさの花

愛と優しさの花は、「愛」「思いやり」「共感」といった言葉で育ちます。

これらの言葉は、心に愛と優しさの花を咲かせ、周囲の人たちへの理解と共感を深めます。この花が咲くと、私たちは周囲に対してより思いやりのある態度を取ることができます。

希望と元気の木

希望と元気の木は、「希望」「楽観」「前向き」といった言葉で育ちます。心に元気と希望を与え、私たちを未来へと導く力強い木です。

この木が育つと、困難な状況に直面しても、希望を失わずに前に進むことができます。

感謝の花束

感謝の花束は、「感謝」「認識」「感激」といった言葉でつくられます。

これにより、私たちは日々の小さな幸せを見つけ、感謝の気持ちを育てることができます。感謝花束があれば、私たちの日常はより明るく、満たされたものになります。

喜びの庭

喜びの庭は、「喜び」「笑顔」「楽しさ」といった言葉でつくられます。

これらの言葉で、心に喜びの庭をつくり、常に笑顔でいられる環境をつくり出します。

喜びの庭があれば、私たちは毎日をもっと楽しく過ごすことができます。

このように、心の中に愛、希望、感謝、喜びを育てることで、私たちは豊かな感情の世界をつくり出すことができます。

それぞれの言葉が種となり、心の中で美しい花や木を育てることができるのです。

私たちはこの心の庭を大切に育て、日々の生活をより豊かで意味のあるものに変えることができます。感情の庭を通じて、私たちの内面を豊かにし、より幸せで満たされた人生を歩むことができるのです。

☆未来創造へのアクセス

ポジティブ感情を育てる

毎日、心に響くポジティブな言葉を選んでメモする。その言葉を思い浮かべながら、1日を過ごす。

5 思考のレンズで世界を見よう！ どんな視点を選ぶ？

思考で見る世界の変化

思考で見る世界の変化は、私たちの日常生活に大きな影響を与えます。

思考のレンズを通して世界を見ると、同じ現象でもまったく異なる景色に変わることがあります。

この章では、さまざまな思考のレンズを通して世界をどのように見るかを探求します。

美と可能性を感じる

美と可能性を見出す思考は、言葉は魔法のように働き、「美」「可能性」「輝き」を引き出します。

この思考法で世界を観察すると、隠れた美やチャンスが浮かび上がり、希望に満ちた感覚を得られます。この視点で世界を見ると、隠れた美やチャンスが明らかになり、新たな発見と喜びが生まれ、希望に満ちた未来への道が開かれます。

感謝で世界を見る

感謝で世界を見る思考は、「感謝」「豊かさ」「喜び」といった言葉で示されます。この視点で世界を見ると、日常の小さな幸せや周囲の美しさに気づき、感謝の気持ちが湧き上がります。

感謝の心で見ると、世界はより明るく、ポジティブに感じられます。

挑戦を受け入れる考え方

挑戦を受け入れる考え方は、「挑戦」「成長」「力強さ」といった言葉によって形づくられます。

困難や障害を成長のチャンスと捉え、挑戦する勇気を与えます。

このような考え方で世界を見ると、困難な状況も乗り越えるためのステップとして捉えられます。

愛で見る世界

愛で見る世界の視点は、「愛」「思いやり」「共感」といった言葉で表現されます。

この視点で世界を見ると、他人との関係がより深く、豊かになります。

愛と思いやりの視点で世界を見ることで、心が温かく、人間関係が強化されます。

言葉の力で思考のレンズを通して見る世界の美しさを感じることができます。

思考のレンズで世界を見ることとは、私たちの心に豊かさと深みを与え、より充実した日々を過ごす手助けとなります。

さまざまな視点から世界を見ることで、私たちは新たな発見をし、自己の成長を促進し、より豊かな生活を送ることができるのです。

思考のレンズを通して見る世界は、私たちに無限の可能性と新たな視野を開くことでしょう。

☆未来創造へのアクセス――

楽観的な視点の維持

週に一度、自分が希望を持てた出来事を振り返りましょう。

楽観的な視点からその出来事を見て、未来への希望を言葉にします。

6　言葉で夢の家を建てる！　未来のデザイン、はじめよう！

言葉で未来の家を建てよう

人生はまさに建築現場のようなものです。毎日の言葉選びが、未来という家を形づくる材料になります。夢の家を建てるプロセスを詳しく見ていきましょう。

夢の土台

夢の土台を築くことからはじめます。

「夢」「目標」「希望」といった言葉は、未来の家の基礎を形成します。これらの言葉は私たちの夢に向かう強い意志をつくり出し、目標達成への確固たる基盤を提供します。

計画の柱

次に、計画の柱を立てます。「計画」「ビジョン」「未来」といった言葉は、未来の家の支えとなる柱です。これらの言葉を使って具体的な未来の計画を練り、夢に向かって進む道筋を明確にします。

信じる力

信じる力を育てることも重要です。「信じる」「自己信頼」「自己肯定感」といった言葉は、困難に立ち向かうための内面の強さを育てます。自分自身とその能力を信じることで、どんな障害も乗り越えられる勇気がわきます。

成功の窓

成功の窓を設けることで、夢の家は完成に近づきます。「成功」「達成」「充実感」といった言葉は、未来の家から見える成功の景色を描き出します。これらの言葉によって、達成の喜びや満足感を感じることができます。

言葉を使って夢の家を建てることは、未来に向けて一歩を踏み出す素晴らしい旅です。

夢の土台からはじまり、計画の柱を立て、信じる力を育て、成功の窓から美しい未来を眺めることで、私たちは自分の理想の人生を築くことができます。

言葉1つひとつが重要であり、それらを丁寧に選び、未来の家を愛情を込めてつくり上げましょう。夢を実現するための行動計画を立て、自己信頼を深め、成功への道を切り開くための言葉を心に留めましょう。

このプロセスを通じて、私たちは自分自身の可能性を最大限に引き出し、希望に満ちた未来を築くことができるのです。

☆未来創造へのアクセス

未来計画の実行

自分の未来についてのビジョンボードをつくる。

そのボードには「計画」「ビジョン」「成功」などの言葉を含める。

★毎日の習慣としてこれらのアクションを取り入れることで、言葉の力を生活の中で活用し、言葉の魔法のような力を具体的に体感し、夢に一歩ずつ近づいていくことができます。

毎日の小さな習慣が、希望に満ちた未来への扉を開く鍵となり、夢の実現への輝かしい道を照らすでしょう。

第3章

夢探しの秘訣、伝授します！

1　夢のレシピ、言葉で簡単に！

夢に合った言葉を選ぶ

夢を現実にするためには、まず夢に合った言葉を選ぶことからはじめます。

自分の夢や目標を表す言葉を選ぶことは、あなたの情熱や願いを明確にする第一歩です。

これらの言葉は、あなたの内面から湧き出る願望を反映し、夢への道しるべとなります。

言葉に意味を込める

選んだ言葉に意味を込めることが次のステップです。

自分の思いや願いを言葉に託すことで、夢がより具体的でリアルなものとなり、その達成へのモチベーションも高まります。言葉には、思いや感情、願いを形にする力があります。

フレーズに発展させる

その後、単語からフレーズや文へと発展させ、夢をより詳細に表現します。

このプロセスでは、夢のビジョンを具体化し、それを達成するための道筋を描くことができます。

夢に向かっての具体的なステップやアクションプランを考える際にも役立ちます。

日々の実践

日々の実践は、夢を現実にするために欠かせません。

選んだ言葉を日々の生活の中で積極的に使い、夢に近づいていきます。

日記に書いたり、自己暗示に使用したりすることで、言葉の力を日常に取り入れます。

最終的には、選んだ言葉を実際の行動に移しましょう。

夢に向けた計画を立てたり、関連する活動をはじめたりすることで、夢を現実のものにします。

行動に移す

行動に移すことで、言葉は単なる思考から現実の結果を生み出す強力なツールへと変貌します。

この方法を通じて、言葉の力を最大限に活用し、夢を現実に引き寄せることができます。

言葉は、夢を形づくり、それを実現へと導く道具です。

言葉には、思考を形にし、行動へと変える魔法のような力があります。

この力を利用して、夢を具体化し、現実化する旅をはじめましょう。

☆未来創造へのアクセス

夢の言葉を明確にする

自分の夢を言葉にして具体化しましょう。

日記に書く、ビジョンボードをつくる、または毎日の自己暗示として使うなど、夢を言葉で表現する方法を見つけましょう。

2　羽ばたく勇気、言葉で手に入れよう！

自分を肯定する言葉を選ぶ

自分自身を肯定し、夢に向かって飛び立つ勇気を手に入れるためには、まず自分を肯定する言葉を選ぶことが重要です。

「私は価値がある」「私にはできる」といったポジティブなフレーズは、自信を築くのに非常に役立ちます。

これらの言葉は自己価値感を高め、自分自身に対する信頼を強化します。

夢を明確にする言葉を選ぶ

次に、夢を明確にする言葉を選びます。

あなたの夢や目標を具体的に表す言葉を選ぶことで、目指す方向がはっきりし、夢への意識がより高まります。

これらの言葉は、目標に向かって進むための道しるべとなり、行動を促します。

インスピレーションを与える引用を探す

インスピレーションを与える引用を探すことも有効です。偉人や有名な作家の言葉には、時に大きな力があります。

これらのインスピレーショナルな引用は、勇気を与え、モチベーションを高め、困難な状況に立ち向かう力を提供します。

自分自身に語りかける

さらに、自分自身にポジティブな言葉を語りかける習慣を身につけましょう。

毎日、鏡の前で自分自身に向けて励ましの言葉を述べることで、自信と内側からの勇気を育てることができます。

この自己対話は、自己認識を高め、ポジティブな自己イメージを構築する助けとなります。

言葉を行動に変える

最後に、選んだ言葉を実際の行動に変えることが重要です。

言葉の力を信じて、一歩を踏み出しましょう。

小さな目標から達成していくことで、自信がさらに増し、大きな夢に向かって進むことが可能になります。

この方法を通じて、言葉から羽ばたく勇気を得て、夢に向かって飛び立つ準備が整います。

言葉は、私たちの内面に潜む可能性を解き放ち、夢を実現するための力強い翼となるのです。

自分自身を信じ、ポジティブな言葉を使い続けることで、夢の実現に向けて羽ばたいていくことができるでしょう。

☆未来創造へのアクセス

勇気を育てるアファメーション

毎日、自己肯定の言葉を繰り返し唱えましょう。

これにより、夢に向かう自信と勇気が育ちます。

3　夢を現実に変える魔法使いになろう！

夢の明確化

夢を現実に変える旅は、一歩ずつ確実に進むプロセスです。

あなたは自分の夢を実現するための魔法使いとなることができます。

まずは夢の明確化からはじめます。自分が本当に望むもの、達成したいことを明確にし、具体的なビジョンを描きましょう。

このビジョンがあなたの目標となり、行動の指針を提供します。夢の詳細を思い描くことで、達成への道がより明確になります。

信じる力の育成

信じる力の育成は、夢を実現するための重要なステップです。「私にはできる」と自分に言い聞かせ、自分の能力と可能性を信じることが重要です。自己信頼を深めることで、困難な状況でも前進し続けることができます。

行動計画の立案

次に、行動計画の立案が必要です。具体的な行動計画を立て、小さなステップからはじめます。夢を実現するためのロードマップを作成し、１つひとつのステップを着実に進めていくことが大切です。

計画は現実的で達成可能なものにしましょう。

挑戦への対応

挑戦への対応も重要です。

途中で遭遇する困難や障害は、乗り越えることで夢に近づくチャンスです。挑戦を恐れず、それを乗り越えることで、夢を現実に変える力が育ちます。

周囲との協力

周囲との協力も夢を実現する上で欠かせません。夢を他人と共有し、理解と支持を得ましょう。友人、家族、メンターなどの支援が、目標達成に向けた強力な後押しとなります。

感謝と認識

最後に、感謝と認識を忘れずに。各ステップでの達成に感謝し、その瞬間を認識することで、自分が正しい道を歩んでいることを確認し、モチベーションを保ちましょう。

このプロセスを通じて、あなたは夢を現実に変える力を持つ魔法使いになれます。夢の実現は、ビジョンの明確化、信じる力、具体的な行動計画の立案、挑戦への対応、周囲との協力、そして達成したことへの感謝と認識によって達成されます。

これらのステップを踏むことで、あなたは自分の夢を現実に変える旅を成功させることができるでしょう。

☆未来創造へのアクセス

魔法使いの行動計画

自分の夢を現実にするための具体的なステップを計画しましょう。

小さな目標を設定し、１つずつ達成していくことで、大きな夢に近づきます。

４　言葉で夢を彫る！　現実をアートするよ！

夢を具現化し、現実をアートのように創造するためには、言葉が重要な役割を果たします。

この過程は、内面の思考と感情を外の世界に反映させるクリエイティブな旅です。

夢を定義する

夢を定義することからはじめましょう。

何を現実にしたいのか、自分の夢や目標を明確にします。

これは、あなたの未来の作品の設計図となり、目指すべき方向を示します。

夢を明確にすることは、その夢に向かって進むための最初の重要なステップです。

夢をはっきりと定義することは、理想を現実に変える力を持ち、情熱を集中させ、未来への確かな一歩を踏み出す勇気を与えます。

適切な言葉を選ぶ

適切な言葉を選ぶことも重要です。

その夢や目標を表現する言葉を慎重に選び、夢の具体的な側面を描写します。

選ばれた言葉は、あなたのビジョンを具体化し、実現に向けた思考を形づくる助けとなります。

ポジティブな言葉を使う

ポジティブな言葉を使うことによって、プラスの現実をつくり出すことができます。

「私は成功する」「私は幸せになる」といった肯定的な言葉を使い、自分自身に対する信頼と希望を育てます。

これらの言葉は自己イメージを高め、モチベーションを維持するのに役立ちます。

選んだポジティブな言葉を毎日使い、それを実生活の一部にすることで、言葉の力を最大限に活用します。

言葉を繰り返し使う

日常生活でこれらの言葉を繰り返し使うことで、夢に対する思いを強化し、目標達成に向けたエネルギーを養います。

言葉だけでなく、それに基づいて実際に行動を起こすことが重要です。

行動に移す

行動は、夢を現実に変える最終的なステップです。計画を立て、具体的なステップを踏んで、夢に向けて進むことで、言葉は現実の成果に結びつきます。

柔軟性を持つ

柔軟性を持つことも大切です。予期せぬ展開や障害に遭遇したときにも、柔軟に対応し、創造的に現実を形づくることが可能です。変化に対応しながらも、目標を忘れずに進むことが重要です。

このプロセスを通じて、あなたは言葉を使って現実を形づくる彫刻家となります。言葉は、内側の思考と感情を外の世界に反映させる強力なツールであり、これを駆使して、自分の現実を自らの手で創り上げることができるのです。

言葉の選択、日々の言語の使用、そして行動への転換を通じて、自分の夢を現実のものにしましょう。

☆未来創造へのアクセス

現実創造の習慣

毎日、夢を現実にするための行動を取り入れましょう。

これは、言葉を実生活に結びつけ、夢を具体的な形に変えるためのものです。

5　言葉で夢を無限に広げよう！

夢を無限に広げ、現実に変えるためには、言葉が重要な役割を果たします。

このプロセスでは、インスピレーションを与える言葉を選び、肯定的な未来像を描くことが不可欠です。

インスピレーションを与える言葉を選ぶ

まずは、インスピレーションを与える言葉を選びましょう。

心を動かす言葉は、新しいアイデアやビジョンを生み出すのに役立ちます。

このような言葉は、あなたの思考を刺激し、未知の可能性を探るための出発点となります。

肯定的な未来像を描く

肯定的な未来像を描くことも重要です。

「私は可能性に満ちている」「私の夢は限界を知らない」といった肯定的な言葉を使って、自分の未来を描きましょう。

これらの言葉は、自信を高め、未来に対する前向きな態度を養います。

夢を日常に取り入れる

夢を日常に取り入れることも大切です。

選んだ言葉を日々の会話や日記に取り入れることで、夢への意識を常に保つことができます。

日常生活でこれらの言葉を使うことで、夢に対する思いが強化され、実現に向けたエネルギーが増します。

チャレンジを歓迎する

チャレンジを歓迎する姿勢も重要です。

「挑戦は成長の機会だ」と考え、困難をポジティブな機会として捉えましょう。

挑戦を通じて学び、成長することで、夢を現実に近づけることができます。

成功体験を言葉にする

成功体験を言葉にすることで、自信を育て、より大きな夢に向かう勇気を養いましょう。

過去の成功体験を思い返し、それを言葉にすることで、自己効力感を高め、新たな挑戦に向けての準備が整います。

感謝を忘れずに表現することも大切です。

感謝を忘れずに

「感謝」という言葉で、これまでの経験や成果に対する感謝を表し、新たな可能性の道を開きましょう。

感謝の心は、ポジティブなエネルギーを生み出し、夢に対する新たな視野を提供します。

このように言葉を使って夢を広げることで、無限の可能性を探求し、夢を現実にすることができます。

言葉は、あなたの潜在力を引き出し、新しい道を切り開く助けとなるでしょう。

このプロセスを通じて、あなたは自分自身の限界を超え、新しい高みに到達することができます。

☆未来創造へのアクセス

夢の無限拡大

夢を現実に変えるためには、読書やセミナー、ネットワーキングを含む様々なインスピレーションを受ける活動を取り入れ、常に新しいアイデアや機会を求めましょう。新しい視野を開き、創造性を刺激する習慣を身につけることが、夢の拡大と実現に不可欠です。異文化や異なる考え方に触れることで、視野を広げ、夢に向かう新しい道を見つけることができます。

6　夢を開く鍵、それは言葉！

夢を開く鍵は言葉

夢を現実にするためには、「言葉」が重要な鍵となります。

では、どのような言葉がこの重要な役割を担うのでしょうか？

夢を現実にする過程で用いるべき言葉を詳しく見ていきましょう。

自己信頼を築く言葉

自己信頼を築く言葉は、自己肯定感と自信を構築するのに不可欠です。

「私はできる」「私には価値がある」といった言葉は、自分自身を信じ、夢を実現するための内的な力を育てます。

これらの言葉は、自分の能力に対する信頼を強化し、挑戦に向かう勇気を与えます。

目標に集中する言葉

目標に集中する言葉は、目標達成に向けての集中力と決意を強めます。

「私の目標は明確だ」「私は目標に向かって進んでいる」という言葉は、焦点を合わせ、成功への道を照らします。

明確な目標を持つことは、夢への道を歩む上での羅針盤のような役割を果たします。

行動を促す言葉

行動を促す言葉は、夢に向けた具体的な行動を促します。

「今すぐ行動する」「一歩を踏み出す」といった言葉は、夢に近づくための実際の行動を起こすきっかけとなります。

行動は、夢を実現するための不可欠な要素です。

柔軟性を持つ言葉

柔軟性を持つ言葉は、新しい機会や変化に対応するために重要です。

「私は変化に適応できる」「私は新しいアイデアを受け入れる」という言葉は、変化する状況や新たなチャンスに対する開かれた姿勢を促します。

ポジティブなアファメーションは、自信とエネルギーを生み出します。

「私の人生は豊かだ」「私は成功に値する」といった言葉は、自己の価値と成功への信念を高めます。

これらの言葉は、ポジティブな心の状態をつくり出し、成功に向けたエネルギーを提供し、不確実な環境でも柔軟に行動し、成長の機会を見出すことが可能になります。

感謝の表現

感謝の表現も、前向きな姿勢を維持するのに役立ちます。

「感謝している」「すべての経験に価値がある」といった言葉は、日々の経験に対する感謝の気持ちを高め、ポジティブなマインドセットを育てます。

言葉は、あなたの夢を形づくる強力なツールです。

これらの言葉を上手に使いこなし、夢の扉を開き、素晴らしい未来への道を歩むことができます。

ポジティブな言葉を日常生活に取り入れ、自己信頼を築き、目標に焦点を当て、変化に柔軟に対応し、感謝の気持ちを忘れないことで、夢を現実にする力を高めることができます。

このプロセスを通じて、夢を現実に変えるための内面的な力を強化し、具体的なステップを踏み出す勇気を得ることができるのです。

夢を開く鍵となる言葉を日常生活に組み込むことは、自己成長と夢実現への道を同時に歩むことになります。

ポジティブな言葉は、挫折や失敗に直面したときにも、落胆せず前進し続ける力を与えます。

また、成功したときには、それをさらに大きな夢へとつなげる基盤となります。

言葉は、私たちの考え方、感情、行動に大きな影響を与えます。

そのため、夢を叶えるための言葉を意識的に選び、使いこなすことは、夢を実現させるための重要なステップとなります。

夢を開く鍵となる言葉を見つけ、それを毎日の生活の中で使うことで、夢を現実に近づけ、達成する力が育まれます。

最終的に、言葉は単なる思考や感情の表現を超え、夢を現実に変える強力な力となります。

この力を信じて、夢に向かって一歩一歩進むことで、あなたは自分の夢を形づくる魔法使いになることができるのです。

☆未来創造へのアクセス
言葉の力を信じる

自分が選んだ言葉の力を信じ、その言葉に基づいて行動しましょう。

自分の夢を信じることが、その実現の鍵です。

★毎日の生活の中で、夢を現実にする鍵は、あなたの言葉にあります。
この章では、夢を手に入れるためのシンプルで効果的な方法を紹介します。

言葉はただの音ではなく、あなたの未来を形づくる強い力を持っています。

毎日の言葉選びに少しの意識を向けるだけで、あなたの夢は徐々に現実のものとなっていきます。

言葉を使って、夢を描き、それを現実にする手段をこの章で学びましょう。

毎日の小さな一言が、大きな夢へとつながる最初の一歩になります。

♥本来の自分に戻り、夢を見つけるためのアファーメーション（自己肯定の言葉）

私たちの人生は、自己発見と自己肯定の旅です。

内面に耳を傾け、本当に望むものを見つけるために、アファーメーション（自己肯定の言葉）は強力なツールです。

これらの言葉は、忘れがちな自己の価値と可能性を思い出させます。

私は宇宙の無限の可能性を秘めている

「私の中には無限の可能性が広がっている。その可能性を信じ、自分の道を歩む」

このアファーメーションは、無限の力を引き出し、夢を現実に変える勇気を与えます。

私の心は私の真の情熱を知っている

「私の心は真実を知っている。情熱を探求し、その声に耳を傾ける」

この言葉は、心の声に従い、夢への道を明確にします。

私は毎日、魂の歌を歌う

「毎日、魂の歌を歌い、内なる美を表現する」

これにより、自己表現の重要性を認識し、他者にインスピレーションを与えます。

私は自分自身の夢を創造する

「私は夢を自らの手で創造する。わたしの想像力は無限で、創造力は無限大」

自分の運命を自ら切り開く力を思い出させる言葉です。

私は自分の内なる星座に従う

「内なる星座が示す道を信じ、導きに従う」

直感や直観を信じ、真の道を見つける指針です。

これらのアファメーションを瞑想や思考の中で繰り返すことで、スピリチュアルな視点から夢を見つけ、それを現実にする力を育てます。

自己探求を通じて、本質とつながり、夢を見つけることができます。

そして、この夢が人生を豊かにし、望む現実を創造する道を開きます。

自己肯定の言葉は、挑戦や困難に立ち向かう内なる力を強化し、自己疑念や恐れを乗り越え、自己実現への道を切り開きます。

自分自身の可能性を信じ、内なる声に従うことで、無限の創造力を解放し、夢を実現できます。

心を育て、精神的成長を促し、自己の真の力を引き出し、人生で大きな成果を達成する手助けとなります。

これらの言葉は、私たちのユニークな才能を活かし、特別な人生を築き、ポジティブな影響を与える道標です。

自己肯定によって、夢を現実に変える可能性が広がります。

第４章

魔法の言葉で
自分をアップグレード！

1　自分を応援する方法、インナーコーチで学ぼう！

ポジティブな自己対話をはじめる

自己成長と成功への道を歩むためには、自分自身を応援し、ポジティブな自己対話を繰り返すことが重要です。このプロセスを通じて、自分自身が最高のインナーコーチとなり、内なる力を最大限に引き出すことができます。

まず、ポジティブな自己対話をはじめましょう。自分自身によいことを言うことで、自己肯定感と自信を育てます。

例えば、「私は強い」「私は何でも乗り越えられる」と自分自身に言ってみることで、困難に立ち向かう内なる力が強化されます。

成功する自分を想像する

次に、成功する自分を想像します。

自分が目標を達成した姿を具体的に思い描くことで、成功への道のりがより明確になります。

どんなに成功しているか、どれほど幸せかをイメージすることで、その目標に向かって進むモチベーションが高まります。

自己肯定の言葉をつくる

自己肯定の言葉をつくることも大切です。

自分を励ます短い言葉やフレーズを考え、それを毎日繰り返します。

この言葉は、自己信頼と前向きな気持ちを育てるためのアンカーとなります。

日常にアファメーションを取り入れる

日常にアファメーションを取り入れることで、自己肯定感をさらに強化します。

毎日の生活の中で、肯定的な言葉を使い、特に朝起きたときや寝る前など、１日のはじまりと終わりに意識して使うことが効果的です。

挑戦を受け入れる姿勢も重要です。

挑戦を受け入れる

困難なときでも、自分を励ます言葉を使って、前向きに挑戦しましょう。これは、チャレンジを乗り越えるための内なる力を強化し、成長の機会として捉えることを助けます。

このように魔法の言葉を活用することで、あなたは自分自身を励ます最高のインナーコーチになれます。

これらの言葉は、あなたの内に秘められた力を引き出し、成功への道を照らす力強い源泉となります。

自分自身を信じ、ポジティブな変化を生み出すために、この章で紹介したテクニックを積極的に活用してみてください。

自分自身の内面を強化し、日々の挑戦に前向きに取り組むことで、あなたは自分の限界を超え、新たな高みに到達することができます。

☆未来創造へのアクセス

インナーコーチとしての自己対話

毎日、自己肯定の言葉を使って自分自身と対話しましょう。

朝のルーティンや日記の記入などを通じて、自分を励ます言葉を反復しましょう。

2　チャンスに変える！　チャレンジレセプターになる！

人生は予期せぬ挑戦に満ちており、これらの困難を成長のチャンスに変えることが可能です。

チャレンジレセプターになることで、どんな障害も乗り越え、自分自身を強化する力を身につけることができます。

次の方法で困難に立ち向かい、それを成長の機会に変えましょう。

肯定的な受容をする

肯定的な受容をすることは、困難を成長のチャンスとして受け入れる上で重要です。「この困難は私を強くする」という肯定的な考えを持つことで、挑戦に対する恐れを克服し、新たな力を得ることができます。

深く理解し、学ぶ

困難から学ぶことが重要です。挑戦から得られる教訓を見つけ出し、それを日常生活や将来の計画に活かしましょう。困難は、新しいスキルを磨いたり、知識を深めたりする機会を提供します。

小さな成功を祝う

困難に立ち向かう過程での小さな成功を祝うことも大切です。これらの小さな勝利は、自信を築き、持続的なモチベーションを維持するための鍵となります。自分自身の成果を認識し、自分を褒め称えることで、困難に対するポジティブな姿勢を育てることができます。

特に、ストレスが高まると挑戦への対応能力が低下することがあるため、自己肯定感を保つことは非常に重要です。このような自己承認の習慣は、長期的な成功と幸福感へと導く道となるでしょう。

リラックスとリフレッシュ

定期的にリラックスし、心身をリフレッシュすることで、挑戦への耐性を高めることができます。瞑想、ヨガ、趣味など、リラックスするための活動を見つけ、実践しましょう。

支援を求める

困難なときには、家族や友人、専門家からのサポートを積極的に求めることも重要です。彼らからの助けや励ましは、困難な状況を乗り越えるための大きな力となります。

ポジティブなアファメーション

ポジティブなアファメーションも、困難なときに心理的サポートとなります。「私はこの挑戦から学び成長する」と自分自身に言い聞かせることで、ポジティブなマインドセットを維持し、困難に立ち向かう勇気を養います。

一歩ずつ進む

大きな困難に直面した場合は、一度にすべてを解決しようとせず、一歩ずつ進むことが重要です。小さなステップを踏んで進むことで、困難を乗り越えやすくなります。これらのステップを通じて、困難な状況を乗り越え、成長する機会として活用することができます。

チャレンジレセプターとしての肯定的な受容と理解は、困難を乗り越える強力な力となります。

挑戦を受け入れ、それから学び取ることで、あなたはもっと強く、賢く、柔軟になれます。困難を経験することは、自己発見の旅でもあり、自分自身の真の力を知る機会を提供します。

挑戦を乗り越えることで、自分自身の能力に対する理解が深まり、将来の挑戦に対してより強く立ち向かうことができるようになります。

また、困難を乗り越える過程で、自分の価値観や信念を見つめ直す機会も得られます。

これは、人生の優先順位を再評価し、本当に重要なものに焦点を当てるための貴重な体験となります。

困難を通じて、より充実した人生を送るための新しい道を見つけることができるのです。

チャレンジレセプターとして成長する過程では、自己受容と同時に、適応性と柔軟性も重要です。

変化を恐れずに新しい環境や状況に適応する能力を身につけることで、人生のあらゆる状況に対応する力を強化できます。

これにより、未知の状況や新たな挑戦にも自信を持って取り組むことが可能になります。

困難な状況をチャンスに変える能力は、個人の成長はもちろん、職場や日常生活での成功にも大きな影響を与えます。

挑戦を受け入れることで得られる新たな知識、スキル、経験は、あらゆる面での成長の糧となり、成功への道を切り開く力強い原動力となるのです。

最終的に、困難な状況を乗り越え、それから学び取ることで、あなたはより強く、賢く、柔軟な人間に成長し、自分自身の無限の可能性を実現することができます。

このプロセスは、人生のさまざまな段階で繰り返され、あなたを常に進化させ続ける源泉となるでしょう。

☆未来創造へのアクセス

チャレンジをチャンスに変換

困難に直面したとき、それをチャンスと捉える言葉を思い出しましょう。

例えば、「この挑戦は新しいスキルを習得するチャンスだ」と自分自身に言い聞かせます。

3　自分を好きになる！　おおらかな神託のガイダンス

自分を好きになるためには、自己受容と自己愛を深める「おおらかな神託」のガイダンスを活用することが重要です。

内なる声を聞く

このプロセスを通じて、内なる声に耳を傾け、真の自己肯定感を育むことができます。

内なる声を聞くためには、忙しい日常から一時離れることが必要です。静かな瞑想や深呼吸を通じて、自分自身の内なる声に耳を傾けます。この時間は、自己と向き合い、内面の思考や感情を理解するための貴重な機会となります。

自己受容の言葉を見つける

自己受容の言葉を見つけることも大切です。「私は価値がある」「私は完璧である」といった肯定的なメッセージを心に留めることで、自己肯定感を高め、自己受容を深めます。このような言葉は、自己に対する見方を変え、ポジティブな自己イメージを構築するのに役立ちます。

肯定的なアファメーションを練習する

日常生活で自己肯定のアファメーションを使うことは、自己受容から自己信頼を日々強化する効果的な方法です。これにより、セルフエスティームが育まれ、ポジティブな人生観を築くことができます。

過去の成功を振り返る

過去の成功や達成を振り返ることで、自分の強みや価値を再認識します。

これは、自分自身の能力を認め、今後の挑戦に対する自信を構築するのに役立ちます。

感謝を持つ

自分の存在、経験、成長に感謝することで、内面の豊かさと自己への肯定感を高めます。感謝の心は、ポジティブな自己イメージを育み、心の平和と幸福感をもたらします。

自己との対話を続ける

自分自身との対話を続けることで、内なる神託への理解を深め、自己肯定感を育みます。自分自身との対話は、内面の声に耳を傾け、自己理解を深めるための重要なステップです。これらのステップにより、「おおらかな神託」を通じて自分自身を肯定し、愛することができます。自分自身と対話し、内なる声に耳を傾けることで、自己肯定感を高め、豊かな人生へと導かれるでしょう。

このプロセスを通じて、内なる「おおらかな神託」の力を活用し、セルフエスティームを高め、より豊かな人生を送ることができます。

内なる声に耳を傾け、自分自身を受け入れることで、真の自己肯定感を得ることができるのです。自己受容とセルフエスティームは、個人の成長と幸福の基盤となり、人生をより充実させるための重要な要素となります。

☆未来創造へのアクセス

自己受容の習慣化

日々の瞑想やリラクゼーションの時間に、自己理解、自己受容、自己承認、自己肯定、自己信頼に関する言葉を反復することにより、内面からの自信と平和を育てます。

4　人生のスカルプター、自分の人生の価値を創造しよう！

人生のスカルプターとは

人生のスカルプターとは、自分の人生を積極的に形づくり、自らの手で価値を創造する人を指します。自分の人生に意味と価値を生み出し、自分らしい素晴らしい人生を築いていくためには、以下のステップが役立ちます。

明確な人生ビジョンを持つ

明確な人生ビジョンを持つことが重要です。

自分がどのような未来を望んでいるかを明確にし、そのビジョンに向かって進むことで、人生に方向性と意味をもたらします。

このビジョンは、あなたの人生の道しるべとなり、意思決定の基盤となります。

自己認識を深めることも不可欠です。

自己認識を深める

自分自身の強みや弱み、情熱や興味を深く理解することで、それらを自分の人生設計に反映させることができます。

自己認識は、自分の強みを活かし、弱みを改善するための出発点となります。

具体的な行動を起こす

具体的な行動を起こすことで、目標に向かって一歩ずつ進むことができます。

目標設定は大切ですが、それを実現するためには実際の行動が不可欠です。

小さな成功も大切にし、それらを積み重ねることで、大きな成果につながります。

自分らしさを表現する

自分らしさを表現することで、自分の個性や価値観を生かし、他とは異なるユニークな人生を築きます。

自分の興味や情熱に基づいて行動し、自分らしい生き方を追求することが、充実した人生への鍵です。

人間関係を大切にする

人間関係を大切にすることも、人生に豊かさを加える重要な要素です。

他人との関わり合いを通じて、新たな視点を得たり、人生の喜びを共有したりすることができます。

良好な人間関係は、人生をより豊かで充実したものにします。

これらのステップを実践することで、自分の人生に意味と価値を生み出し、自分らしい素晴らしい人生を築いていくことができます。

自分の選択と行動が、自分の未来を形づくり、人生のスカルプターとして自分の人生を刻んでいくことができるのです。

自分の人生の価値を創造する過程は、自己発見と自己実現の旅でもあり、自分だけのユニークな人生を彫刻する素晴らしいプロセスです。

☆未来創造へのアクセス

人生の価値創造

自分の行動や選択が人生にどのような価値をもたらすかを日々意識し、それを言葉にして表現します。

自分の行動の意義を認識することで、自己効力感が高まります。

5　言葉で心の盾をつくる、自己防衛のコツ！

心の盾

「心の盾」は、否定的な影響や内面の不安から自己を守るための肯定的な言葉の結界です。これを用いることで、外部からの批判や否定的な意見、自己批判から自分を守り、内面の平和を維持することができます。次の方法で心の盾を構築し、自己防衛のコツを学びましょう。

肯定的な自己対話

肯定的な自己対話を持つことは、心の盾を形成するために重要です。自分自身に対して肯定的な言葉を使うことで、否定的な思考や外部からの批判に対して抵抗力を持つことができます。

「私は自分の価値を知っている」「私の感情は正当化される」といった言葉は、内面の強さを育みます。

強さと自信の言葉を選ぶ

強さと自信を反映する言葉を選ぶことも大切です。

自分自身の強さと自信に焦点を当てた言葉を心の中で繰り返すことで、自己信頼を高め、逆境に立ち向かう力を育てます。

「私は困難に立ち向かえる」「私は自分自身を信じている」といった言葉が適しています。

ネガティブな影響を跳ね返す

外部からの否定的な意見や批判に対しては、心の盾を使い、それを跳ね返します。

「その意見は私には当てはまらない」「私は自分の道を歩む」といった言葉で、自分自身を守ります。

自己受容の強化

自己受容の強化は、心の盾をより強固にします。

自分自身をそのままの姿で受け入れることで、内面の安定を保ちます。

「私は完璧ではないが、それでよい」といった自己受容の言葉は、自分自身を肯定し、内面の平和をもたらします。

リラックスとリフレクション

定期的にリラックスし、自己反省の時間を持つことも、心の盾を強化し、内面の平和を保つのに役立ちます。リラックスする時間を設け、自己と向き合い、内面を見つめ直すことで、心の盾を常に強化し続けることができます。

このようにして心の盾となる自己防衛の言葉を用いることで、内外の否定的な影響から自己を守り、精神的な安定と内面の平和を保つことができます。

これらの言葉は、あなたの精神的な安全と自己肯定感を守るための強力な盾となります。

自己を守りながら、自信と自己肯定感を高め、充実した人生を送ることができるのです。

自分自身を大切にし、ポジティブな自己対話を続けることで、あなたは自分の人生をより豊かにし、自己実現へと導かれるでしょう。

☆未来創造へのアクセス

心の盾の構築

毎日の自己暗示やアファメーションを使い、心の盾を強化します。

ネガティブな思考や外部のストレスから自己を守る言葉を見つけましょう。

6　内なる強さを信じ、気高き戦士になる

プロセスは自己発見と自己実現への道のり

人生の旅は、しばしば厳しい挑戦と挫折をもたらしますが、これらの経験は私たちの成長を促し、

気高き戦士へと変化させる機会を提供します。私たちは、内なる力と決意を持ってこれらの挑戦を乗り越えることで、より強く、賢く、そして堅固な自分に成長することができます。このプロセスは、自己発見と自己実現への道のりであり、次のようなステップで詳細に解説されます。

挫折を成長の糧と捉える

挫折は、単なる障害ではなく、成長と学びの貴重な機会として捉えることが重要です。困難な状況を通じて、私たちは新たな強さを発見し、適応能力を高め、柔軟性を身につけることができます。「この挑戦は私を強くする」という肯定的な視点を持つことで、逆境を乗り越える力を得ることができます。

内なる強さを信じる

自分自身の内なる強さと能力を信じることは、困難に立ち向かう勇気を生み出す基盤です。「私はこの困難を乗り越えられる」という信念は、逆境に直面したときに必要な精神的支えとなります。自己信頼を強化し、自己効力感を高めることで、どんな挑戦にも立ち向かう準備が整います。

経験から学ぶ

挫折や失敗は、自己の弱点を理解し、それを改善する機会です。これらの経験から学ぶことで、自己の成長を加速させ、未来の成功への礎を築くことができます。

失敗からの学びは、より賢い決断を下すための知恵となり、将来の選択肢を広げます。

粘り強さを持つ

挑戦に直面した際には、粘り強く立ち向かうことが重要です。1つひとつの小さなステップが、最終的に大きな成果へとつながる道をつくります。

挑戦に対する持続的な取り組みは、気高き戦士としての自己を築くプロセスの一部です。

自己慈悲を持つ

自分自身に対する慈悲と理解を持つことも、気高き戦士としての成長に不可欠です。完璧である必要はなく、自分自身の限界と弱点を受け入れることで、内面の平和と自己受容を実現することができます。自分自身を理解し、優しく接することで、ストレスを和らげ、自己肯定感を高めることができます。

これらのステップを通じて、内なる強さを信じ、挑戦に立ち向かう気高き戦士としての道を歩むことができます。挑戦や困難を乗り越える過程では、自己の深い理解と共に、より豊かで充実した人生を送るための基盤を築くことができます。

私たちが直面する困難は、一時的な障害ではなく、長期的な成長と発展へのステップです。

内面の力を活用する

自分自身の内面に秘められた力を最大限に活用することで、人生の障害を乗り越えることができます。内なる強さ、信念、そして決断力を駆使して、逆境に立ち向かうことで、私たちは自己の限界を超え、新しい高みに到達することができます。

柔軟性と適応力を身につける

困難な状況に適応することは、気高き戦士としての重要な特質です。柔軟性を持ち、変化に対応することで、新しい状況に適応し、成長の機会を見出すことができます。柔軟な思考と適応力は、未来に向けて私たちをより強くします。

ポジティブな人間関係を築く

他人との関係は、困難を乗り越える上での大きな支えとなります。信頼できる友人、家族、メンターなどからの支援を受け入れ、彼らとの強固な人間関係を築くことで、逆境を乗り越える力が増します。

また、他人との協力は新たな視点やアイデアを提供し、挑戦を乗り越える新たな道を開きます。

これらのステップを実践することで、私たちは内なる強さを信じ、挑戦に立ち向かう気高き戦士としての道を歩むことができます。困難を乗り越える過程で、自分自身を深く理解し、より豊かな人生を送るための基盤を築くことができるのです。

内なる強さを信じて前進することで、私たちは自己実現の旅を進め、真の充実と幸福を手に入れることができるでしょう。

☆未来創造へのアクセス
内なる強さの確信
自分の内なる強さを信じるアファメーションを日々のルーティンに取り入れ、自分の内面の力を信じるように励みます。

★この章では、あなたが日々の言葉を変えることで、自分自身をどのように向上させるかを探求します。
言葉の選び方を変えるだけで、あなたは自分自身を新たなレベルへと引き上げ、もっと満足のいく人生を送ることができます。

言葉は、自分自身をより深く理解し、ポジティブな変化を引き起こすためのシンプルだけど強力な方法です。

この章を通じて、あなたはどうすれば自分自身をアップグレードできるかを学び、自分自身の可能性を最大限に引き出すことができるでしょう。

第5章

心をつなぐ
レシピブックを
つくろう！

1　感謝の言葉、簡単なリチュアルで伝えよう！

心から感謝を表す方法

心からの感謝を表す方法は、日常生活を豊かにし、家族や友人、同僚、そして日々の生活を支えてくれる人々との関係を深める素晴らしい方法です。

感謝を示すことで、周囲の人々との絆を強化し、相互理解と愛情を深めることができます。

次に、感謝のリチュアルを実践するための具体的な方法を紹介します。

感謝の対象を見つける

日常生活の中で、感謝すべき人や瞬間を意識的に探しましょう。

小さな親切やサポート、または日々の助けを提供してくれる人々に気づき、感謝の対象を見つけます。

この習慣を持つことで、日常の中での感謝すべき瞬間をより多く見出すことができます。

心からの言葉を選ぶ

素直な感謝の言葉を選んで、具体的に感謝の気持ちを伝えます。

「あなたのおかげで私の日々はよりよいものになりました」といった言葉は、相手にとって特別な意味を持ちます。

心からの感謝を表すことで、相手に対する敬意と感謝の気持ちが伝わります。

直接的に表現する

電話、手紙、メール、直接会話など、可能な限り直接相手に感謝を伝えましょう。

直接的なコミュニケーションは、感謝のメッセージをより強く、個人的に伝えることができます。

このように直接感謝を伝えることで、より深い絆を築くことができます。

感謝の瞬間を大切に

相手の目を見て、真摯に感謝の気持ちを伝えることで、その瞬間の価値を高めます。

目を見て感謝を伝えることは、誠実さと真剣さを示し、相手に感謝の気持ちが真心から来ていることを伝えます。

感謝の習慣を持つ

毎日、少なくとも一度は誰かに感謝を伝えることを習慣にします。

このリチュアルを日々の生活に取り入れることで、周囲の人々とのポジティブな関係を築くことができます。

感謝は、人間関係を育む素晴らしいレシピであり、周囲の人々と温かい関係を築くための鍵です。感謝のリチュアルを実践することで、相互理解と愛情が深まり、心の絆が強化されます。毎日の生活の中で感謝の気持ちを持ち続けることで、人生はより豊かで意味のあるものになるでしょう。

☆未来創造へのアクセス

感謝の習慣を形成する

毎日、身近な人への感謝を意識的に表現しましょう。小さな感謝カードを書く、感謝の言葉をメールやメッセージで送るなど、具体的な行動を取り入れます。

2　人間関係に役立つのは、どんなスパイス？

人間関係を豊かにするスパイスとは

人間関係を豊かにするための「スパイス」は、私たちの日常の対話や行動において、意識的に取り入れる小さな変化です。

これらのスパイスを効果的に使うことで、対人関係に深みと活気をもたらし、絆を強化することができます。

では、どのようなスパイスが人間関係に役立つのでしょうか？

次に具体的な例を挙げてみましょう。

優しさと思いやり

日常の対応において、相手を思いやる態度を持つことが重要です。

相手の立場に立って行動し、温かい言葉をかけることで、心を通わせることができます。

これは基本的ですが、最も大切なスパイスの１つです。

賞賛と認識

他人の努力や成果を認め、賞賛することで、相手にポジティブな気持ちを与え、関係に暖かさをもたらします。

相手の小さな成功も見逃さず、適切に賞賛することが大切です。

共感と理解

相手の感情を理解し、共感することで、信頼関係が築かれます。

心を開いて相手の話を聞き、感情を共有することで、より深いつながりが生まれます。

ユーモアと軽やかさ

適切なタイミングでのユーモアは、対人関係に楽しさと軽さをもたらし、緊張を和らげます。笑いは人々をつなぎ、親しみやすい雰囲気を作り出す効果があります。

正直さと誠実さ

関係を健全に保つために、正直で誠実な態度が欠かせません。自分の感情や意見を素直に表現することで、相手との信頼関係が築かれ、健康なコミュニケーションが育まれます。

感謝と感動

感謝の気持ちを表現し、共有する感動の瞬間は、関係をより強固にします。日々の小さなことに感謝を示すことで、感謝の気持ちが深まります。これらのスパイスを日常の関係に取り入れることで、人とのつながりがより深く、満足感のあるものになります。

人間関係を豊かにするこれらの簡単なステップを実践し、日々のコミュニケーションに彩りを加えましょう。

会話の中で優しさや共感を示し、相手のよい点を認め、時にはユーモアを交えながら、誠実な態度を保ち、感謝の気持ちを忘れないことが、良好な人間関係を築く鍵となります。

☆未来創造へのアクセス――関係に適したコミュニケーションを探求する

様々な関係性において、効果的なコミュニケーションスタイルを見つけ出し、適用します。例えば、職場では尊重と誠実さ、友人関係では共感とユーモアを心掛けるなどです。

3　慎重にじっくりと関係を修復しよう！

人間関係の修復

人間関係の修復は、時に深くスピリチュアルな旅になり得ます。これは自己と他者、さらには宇宙全体との調和を目指す道です。心をこめた愛ある言葉と熟考されたステップによって、あらゆる関係に対して穏やかで愛に満ちたエネルギーを拡散することが可能です。

次の方法を通じて、関係の修復を図りましょう。

内なる対話の育成

まずは自己との対話を深めることからはじめます。

自己受容と自愛を育むことは、心の平和を見つける第一歩です。

「私は自分自身を完全に受け入れ、愛しています」といった肯定的なアファメーションは、自己愛を育むのに役立ちます。

自己との対話を通じて、心の内に平和を見つけ、それを他者との関係にも拡散させることができます。

適切なタイミングでの対話

関係の修復においては、対話のタイミングが非常に重要です。

相手が心を開いているときを見極め、話をはじめるタイミングを選びましょう。

「この宇宙に、私たちの心を通じて平和が広がるように」という意図を持って話をはじめることで、より建設的なコミュニケーションが可能になります。

愛と光に導かれた謝罪のアート

自分に非がある場合は、心からの謝罪を行いましょう。

「私の行動が不和を生んだことを心から謝罪します。愛と光に満ちた解決を願っています」と伝えることで、関係の修復への第一歩を踏み出すことができます。

相手の感情を尊重

相手の感情を深く理解し、尊重することが重要です。「あなたの気持ちを深く理解し、尊重します。私たちは宇宙の一部として、互いを支え合っています」という言葉は、相手への理解と尊重を示します。

共同での解決策の探求

関係を修復するためには、「私たちの関係を癒やし、強化するために、共に解決策を探しましょう」と提案することが重要です。

双方の協力によって、関係の問題を解決し、より強固な絆を築くことができます。

信頼の再構築

信頼を再び築くためには、前向きな姿勢が必要です。「私たちは一緒に成長し、愛を深めることができる」というポジティブなアプローチが信頼関係の再構築に役立ちますが、このプロセスは時間がかかることもあります。

根気強く続けることで、より深い絆と信頼を再構築することができるのです。

継続的なコミュニケーションの維持

「私たちの関係は宇宙の美しい一部であり、常に成長し続けるものです」という意識を持ちながらコミュニケーションを続けることが重要です。

定期的な対話と相互の理解を深める努力により、関係は日々強化されます。互いに感情や考えを共有し、理解し合うことで、持続可能な関係が築かれます。

感謝と感動

感謝の気持ちを表現し、共有する感動の瞬間も、関係の修復に重要な役割を果たします。相手に対する感謝を示すことで、過去の誤解やトラブルを乗り越えることができます。また、感動的な体験を共有することは、新たな共通の記憶をつくり出し、絆を深めることができます。

相手の努力を認める

相手の関係修復への努力を認め、賞賛することは重要です。小さな一歩や変化を見逃さず称賛することで、相手も関係の改善へのモチベーションを高め、お互いの理解が深まります。

このプロセスは信頼を再構築し、共に関係修復の道を歩むための基盤となります。

共通の目標の設定

関係の修復に向けて、共通の目標を設定することも有効です。

共通の目標を持つことで、お互いの協力関係が強化され、一緒に問題を解決しようという意識が生まれます。

共通の目標に向かって努力することで、関係の修復がよりスムーズに進むことが期待できます。

これらの言葉とステップを通じて、あなたは自分自身、他者、そして宇宙との調和を深め、関係の修復に向けて積極的な一歩を踏み出すことができます。

愛と感謝の言葉は、周囲に光を広げ、すべての関係を愛情深く、和やかに変えることができます。

このスピリチュアルな旅を通じて、あなたは自分自身と他者との関係を豊かにし、より満たされた人生を歩むことができるでしょう。

☆未来創造へのアクセス――

関係の修復に焦点を当てる

関係を深める機会として、お互いの心を開き、穏やかな対話を通じて理解を深め合いましょう。

共感と尊重を大切にしながら、互いの違いを受け入れることで、自然と信頼関係が強まります。

このプロセスは、お互いにとって心地よく、関係を育む貴重な時間となるでしょう。

お互いの理解と信頼を深めるための大切な瞬間です。

4　愛と宇宙の調和・心の絆を築くアーキテクトへの道

心の絆を築くアーキテクトの旅

心の絆を築くアーキテクトとしての旅は、愛と宇宙のつながりを深め、充実した人間関係を構築する素晴らしい過程です。

愛情深いコミュニケーションと次に挙げる具体的なステップによって、私たちの周りのすべての関係に穏やかで愛に満ちたエネルギーをもたらすことができます。

一貫性を持つ行動

信頼を築く第一歩は、約束を守り、言葉と行動を一致させることにあります。

このような一貫性のある行動は、他者からの信頼を獲得し、安心感を与え、信頼関係の基礎を築く上で不可欠です。

オープンなコミュニケーション

自分の感情や考えをオープンに表現し、同時に相手の話にも真摯に耳を傾けることが、関係を強化するために重要です。心の壁を取り払い、相互理解を深めるために、正直で透明性のあるコミュニケーションを心がけましょう。

共感と理解

相手の感情に共感し、理解を示すことで、心の絆を深めることができます。共感は、相手とのつながりを強化し、感情の共有を通じて関係をより密接にします。

サポートと協力

他者へのサポートと協力は、信頼関係を強化するための重要な要素です。無償の支援は、深い絆を築く基盤となり、お互いが互いを支え合うことが可能になります。

感謝の表現

感謝の言葉を通じて、相手の行動や貢献を認識し、価値を認めることは、人間関係に暖かさをもたらします。相手への感謝を伝えることで、心のつながりが強まります。

時間をかける

信頼関係を築くためには、時間が必要です。じっくりと関係を育むことで、より深く、永続的な絆を築くことができます。

愛を育んでいくことで、関係は時間とともに強化されていきます。

これらのステップを通じて、私たちは愛と宇宙のエネルギーにつながり、心の絆を築くアーキテクトとしての道を歩むことができます。

信頼と愛情に基づいた関係は、宇宙の調和とつながり、互いの魂を豊かにします。愛と共感に満ちた心で人間関係を構築し、その過程で自己の成長と幸福を見つけることができます。

相互の尊敬と理解に基づくこのアプローチは、私たちの人間関係をより充実させ、人生を豊かにします。愛と共感に満ちた心で、人間関係を築き上げることは、私たち自身の内面の成長にもつながり、周囲との調和をもたらします。

継続的な自己成長と自己反省

心の絆を築くアーキテクトとして、自己成長と自己反省は欠かせません。

自分自身の感情や行動を常に見つめ直し、改善することで、よりよい人間関係を築くことができます。

自己の成長は、他者との関係の質を向上させ、より深い絆を築くための基盤となります。

感情の共有とバランス

感情の共有は、心の絆を深める重要な要素です。

喜びも悲しみも共有することで、相手とのつながりが強まります。

同時に、感情のバランスを取ることも大切です。

過度に自分の感情を押し付けず、相手の感情にも配慮することが、健全な関係を維持する鍵です。

相互の尊重と受容

相手を尊重し、そのままの姿を受け入れることも、心の絆を築く上で不可欠です。

相手の意見や価値観を尊重し、違いを認めることで、より深い理解と受容の関係が築かれます。

これらのステップを実践することで、愛と宇宙の調和につながり、心の絆を築くアーキテクトとしての道を歩むことができます。

信頼と愛情を基にした関係は、宇宙の調和とつながり、お互いの魂を豊かにし、互いの生活をより満たされたものにします。

愛と共感に満ちた心で人間関係を築き上げることは、私たち自身の幸福への道でもあります。

☆未来創造へのアクセス

強固な絆を築くための技術を学ぶ

コミュニケーションの技術や人間関係の構築に関する本を読む、ワークショップに参加するなどして、人間関係のスキルを高めましょう。

5　人間関係を強くする！　接着剤の秘密！

人間関係を強くする方法

人間関係の接着剤は、私たちを強く結びつけ、深い絆を築くために重要な感情や行動です。持続的で強固な関係を築くためには、特定の行動や態度が不可欠です。

次は、人間関係を強化するための具体的な方法です。

共有と共感

共感的な関係は、他人の経験や感情を共有し、理解し合うことから生まれます。

共通の体験や感情は、関係を強化する接着剤として機能し、お互いを理解する橋渡しとなります。

誠実な関心の示し方

他人への真の関心を持ち、その人の話を真剣に聞くことで、相手は自分が価値ある存在であると感じ、絆が強まります。

誠実な関心は、信頼関係の構築に不可欠です。

相互の支援

お互いを支え合うことは、信頼と尊重を育むために重要です。相手に対するサポートは、関係を強化するための重要な要素です。

共通の価値観の発見

共通の価値観や興味を見つけることで、関係はより安定し、強固になります。共通の基盤は、関係の安定性を保証します。

適切な距離感の保持

適度な距離感を保つことは、長期的な関係を築く上で重要です。相手のプライベートなスペースを尊重することで、相手が圧迫感を感じることなく、安心して関係を維持できます。

感謝の表現

日々の小さな感謝を表現することは、相手への敬意と感謝の気持ちを伝える重要な方法です。感謝を示すことは、お互いの絆を強化し、相互理解を深める効果的な手段であり、心のつながりを築く上で欠かせない要素です。

正直さと透明性の維持

正直で透明なコミュニケーションは、健全な人間関係の基盤です。真実を語ることで、信頼関係を築きます。

これらのアプローチを通じて、私たちは人と人との絆を強化し、心のつながりを深めることができます。

共感、誠実さ、支援、共通の価値観、適切な距離感、感謝、正直さは、長続きする豊かな人間関係を築くための重要な要素です。

これらの要素を活用し、相互の理解と支援に基づいて心のつながりを大切にし、健全で充実した人間関係を育みましょう。

☆未来創造へのアクセス

信頼と尊敬を基盤とした関係を育てる

日々の対人関係において、相手を信頼し尊敬する姿勢を示すことは極めて重要です。

このような態度は、相互理解と深い絆を生み出し、強くて健全な関係を築く土台となります。

互いに対する誠実な関心と支援は、共通の価値観の発見を促し、正直さと透明性を保ちながら、未来創造へのアクセスを可能にします。

こうした行動は、信頼と尊敬を基礎とした持続可能な関係性を育てるのに役立ちます。

6　心の庭に美しい花を咲かせよう

心に響く関係を育む方法

人間関係は心の庭に例えられます。
手入れを丁寧に行うことで、その庭は美しい花で満たされます。
やさしさ、理解、持続する力がその育成に必要です。
ここでは、絆を保ち、心に響く関係を育むための方法を紹介します。

心の温かさで相手を理解する

相手の心に寄り添い、深く理解することが、強い絆を保つためには欠かせません。
相手の感情や考えを温かい心で受け止め、共感を示しましょう。

信頼の絆を大切に育む

信頼は時間をかけて育まれるものです。
この信頼関係を大切に保ち、関係の土台として大事にしましょう。
信頼は関係の美しい花を咲かせるための栄養源となります。

こまめなコミュニケーションを保つ

日常の小さな会話や連絡も、絆を保つためには重要です。
日々のやり取りは、関係を維持し、強化するための糸となります。

共通の楽しみを見つける

共有する趣味や活動を通じて、互いの絆を深めましょう。
共通の楽しみは、関係に彩りと喜びをもたらし、絆を強くします。

感謝の心を常に持つ

日々の感謝を伝えることで、互いの存在の大切さを再認識します。
感謝の言葉は、お互いの心を優しく結びつける重要な役割を果たします。

変化を受け入れる柔軟さを持つ

人間関係は常に変化します。
その変化を受け入れ、新しい形を一緒に見つける柔軟さが求められます。
変化を受け入れることで、関係はより成熟し、深まります。
このプロセスは、信頼と理解を育み、心の絆を強化します。

問題にやさしく積極的に向き合う

問題が生じた場合、やさしく、しかし積極的に対処しましょう。問題を共に解決することで、絆はより強くなります。

このように、心を込めたケアと注意をもって人間関係に向き合うことで、長く美しい絆を育むことができます。

共に過ごす時間を大切にし、相手を思いやる心を持つことで、人生の庭はいつも温かく、明るい花々で満たされるでしょう。

美しい人間関係は、日々の小さな努力と心のこもった交流から生まれます。お互いを尊重し、感謝の心を忘れないことで、心の庭はいつも生き生きとした美しさを保つことができます。

☆未来創造へのアクセス

心の健康を維持する

メンタルヘルスを大切にし、ストレスマネジメントや自己肯定感を高める活動に時間を割きます。これにより、他者との関係にも前向きな影響を与えます。

★この章では、日々のコミュニケーションで活用できる、心をつなぐ方法を深く掘り下げています。

私たちは、心に響く関係を育むための様々な手法を学びます。それには、心の温かさで相手を理解すること、信頼の絆を大切に育むこと、適切なコミュニケーションを保つこと、共通の楽しみを見つけること、そして何よりも感謝の心を常に持つことが含まれます。

さらに、変化を受け入れる柔軟さを持つことや、問題に優しく積極的に向き合うことも重要です。メンタルヘルスを大切にし、ストレスマネジメントや自己肯定感を高める活動に時間を割くことにより、他者との関係にも前向きな影響を与えます。

この章では、感謝を伝えたり、相手を尊重したりすることによって、人とのつながりを深める方法を学びます。

これらのステップをあなたの生活に取り入れることで、人間関係の上手なコツを掴み、もっと楽しい人間関係を築くことができるようになります。

日々のコミュニケーションで使える心をつなぐ方法を学ぶことは、あなたの人間関係に革命をもたらすでしょう。

心の庭に美しい花を咲かせ、毎日の生活をより豊かで充実したものに変えるための秘訣を、この章では紹介しています。

あなたは、ここで学んだことを実生活に応用し、毎日をより楽しく、意味のあるものにしていただき、より楽しい人間関係を築いていきましょう。この章を読むことで、日常に役立つ人間関係のヒントを見つけ、あなたの生活がより豊かになることでしょう。

第6章

言葉の魔法、
日常で使うコツ！

1　言葉で日常をエンチャントしよう！

日常での使い方を広げよう

日常生活における言葉の魔法は、私たちのコミュニケーションを変え、心に響く深い意味を持たせることができます。

この力を理解し、日々の言葉選びに活用することで、私たちの人間関係や自己表現が豊かになります。

次は、日常での言葉の魔法の使い方をさらに探求したアイデアです。

肯定的な言葉の選択

会話では、ネガティブな表現よりも肯定的な表現を選ぶことで、ポジティブな印象を与えます。例えば、「無理かもしれない」という代わりに「挑戦してみる価値がある」というように言い換えると、話の流れがより建設的かつ前向きなものになります。

感謝の表現の活用

感謝の言葉は、日々のコミュニケーションに暖かさと誠実さをもたらします。

「ありがとう」や「助けてくれて感謝している」などの言葉は、相手に価値を感じさせ、心の距離を縮めます。

励ましの言葉の伝達

他人を励ます言葉は、自信と勇気を与える強力なツールです。

「君ならできる」「その努力は素晴らしい」という言葉は、相手のモチベーションを高め、成功への道を助けます。

共感表現の強化

相手の感情や状況に共感を示す言葉を使うことで、より深い心のつながりを築くことができます。

「大変だったね」「あなたの気持ちがよくわかる」と言うことで、相手は理解されていると感じ、信頼関係が深まります。

言葉の選び方に注意を払う

言葉の選び方1つで、コミュニケーションの質が大きく変わります。

特に批判的な意見を伝える時は、相手の感情や立場を考慮し、言葉を慎重に選びます。

名前を呼び、親密さを演出する

相手の名前を呼ぶことは、親しみや個人への配慮を示す効果的な方法です。名前を使うことで、コミュニケーションに親密さが生まれ、関係が深まります。言葉の魔法を日常に取り入れることで、私たちのコミュニケーションはより豊かで意味深いものになります。

肯定的な言葉、感謝の表現、励まし、共感、慎重な言葉選び、そして名前を呼ぶことは、私たちの日々のやり取りを変え、人々との関係をより強く、意味のあるものにします。言葉は単なるコミュニケーションのツールではなく、私たちの感情や考えを伝え、人々をつなぐ力強い手段です。

この魔法のような力を理解し、適切に使うことで、周囲との関係を改善し、より充実したコミュニケーションを実現できます。

言葉の魔法を毎日のルーチンに組み込む

肯定的な言葉を毎日の会話に取り入れる習慣をつくりましょう。朝の挨拶、仕事中のコミュニケーション、家族や友人との対話において、いつも前向きで温かな言葉を意識的に選ぶことが大切です。

この習慣は、日常を明るくし、人々とのつながりを強化します。

感情を表現する際の言葉の使い方

感情を表現する際にも、言葉を注意深く選ぶことが重要です。

感情の高ぶりを抑え、落ち着いて話すことで、誤解を避け、相手に自分の本意を正確に伝えることができます。

言葉を通じた共感の深化

共感を深めるためには、相手の立場に立って話を聞き、その感情を言葉で反映させることが効果的です。

相手の話に耳を傾け、共感することで、より深い人間関係が築かれます。

言葉を通じて自己表現を高める

自分自身の考えや感情を明確に伝えるためにも、言葉の選び方が重要です。

自分の意見をはっきりと伝えることで、他人とのコミュニケーションがよりスムーズになります。

言葉は、私たちの考えや感情、意図を伝える最も強力なツールの1つです。

毎日の生活において、この言葉の魔法を上手に使うことで、人々との関係を改善し、よりよいコミュニケーションを実現できます。

肯定的な言葉、感謝の言葉、励ましの言葉を使い、常に共感を示し、自分の感情や意見を正確に伝えることで、日々のコミュニケーションを豊かにしましょう。

言葉の魔法を活用して、人生をより明るく彩ることができるのです。

☆未来創造へのアクセス

日常のエンチャントメント

毎日、自分の言葉に意識を向けて、肯定的で元気づけるフレーズを使いましょう。朝、鏡の前で「今日は素晴らしい日になる」と自分自身に言うなど、日々のルーティンに組み込みます。

2 成功へのアファメーションは自分を変える言葉の力

成功への道は、自らの言葉で照らされます。


言葉が持つ変容の力に焦点を当てています。

成功への旅は、自分自身が選ぶ言葉によって照らし出され、それらの言葉は私たちの内面からの変化を促します。

次に、自己肯定、目標指向、チャレンジなど、成功に向けた自己変容を促すためのアファメーションとその具体的な言葉の例を紹介します。

自己肯定のアファメーション

「私は自分の能力を信じている」

「私は毎日、よりよくなっている」

これらの肯定的な言葉は自己評価を高め、内側から自信を育てます。

目標指向の言葉

「私は毎日、目標に一歩近づいている」

「私の成功は、もう目の前にある」

これらの言葉は目標に焦点を合わせ、持続的な動機づけを促します。

チャレンジの言葉

「新しい挑戦は私を成長させる」

「困難は、私の強さを試すチャンスだ」

困難に対するポジティブな姿勢を養うことができます。

成功体験の再確認

「以前の成功は、私がこれを乗り越えられる証拠だ」

「私は過去に困難を克服した」

過去の成功体験を言葉にすることで、自信を再確認し、現在の挑戦に立ち向かう力を得ます。

ポジティブな未来像

「私は自分の夢を実現している」

「未来は明るい、私はその主人公だ」

これらの言葉は理想の未来を描くことで、その実現に向けた力を得ます。

感謝の心

「今日の経験に感謝する」

「すべての困難から学ぶことに感謝する」

感謝の言葉は、現在の状況に対するポジティブな心持ちを育てます。

これらのアファメーションを通じて、私たちは自己肯定感を高め、目標への道を切り開き、困難を乗り越える力を内側から育てることができます。

毎日のルーチンにこれらの言葉を組み込むことで、ポジティブな変化を促し、自己成長を加速させることができます。成功への道は、このような自己肯定のアファメーションによって未来を明るく照らす一歩となるのです。

☆未来創造へのアクセス————————————

成功へのアファメーション

自己肯定の言葉を定期的に繰り返し、自己イメージを強化します。

「私は成功するためのすべてを持っている」というような、自分を信じる言葉を日々のマントラにしましょう。

3　言葉で振り付ける！　豊かな人生のダンス

人生を豊かにする方法

人生という素晴らしいダンスをいかに豊かに振り付けるかに焦点を当てています。

人生は美しいダンスのようなもので、軽やかさや情熱を持って、日々のリズムに合わせて舞います。

この章では、人生のダンスを豊かにするための具体的な方法を探求し、心のリズムに合わせて踊る喜びを深く理解します。

人生のリズムを感じる

・自分の心のリズムを感じ取り、感情や情熱、夢を理解し、それに合わせて人生のステップを踏みます。

・自分自身の内なる声に耳を傾け、それが示す方向に従いながら生きることが重要です。

ポジティブな言葉でリズムを刻む

・「私は自由に舞える」「私の人生は美しい旋律で満たされている」といった肯定的な言葉を選び、ポジティブなエネルギーを自分自身に注ぎます。

・日々の会話にポジティブな言葉を取り入れることで、心の中の音楽にリズムと調和をもたらします。

挑戦をダンスの一歩として受け入れる

・人生の困難や挑戦は、ダンスの新しいステップとして受け入れ、「私はこの挑戦を乗り越えてより美しく舞う」と心に言い聞かせます。

・挑戦は成長の機会であり、それを受け入れることで、ダンスはより豊かで多彩なものになります。

感謝の気持ちで舞台を飾る

・「私の周りの人々に感謝する」という言葉で、感謝の気持ちを持ち、日々の舞台を美しく飾ります。

・感謝は、人生のダンスに輝きと色彩を加え、他人との関係を深めます。

自己表現を大切にする

・自分らしさを表現することで、ユニークなダンスをつくり出し、「私は自分らしく舞う」という言葉で、個性を表現します。
・自己表現は、ダンスを個人的で意味のあるものにし、自己実現への道を照らします。

未来への希望でステップを踏む

・「私の未来は明るく輝いている」という言葉で、未来への希望を持ち、一歩一歩を踏み出します。
・未来への確固たるステップは、人生のダンスを目標に向かって進む力を与えます。

以上のように、人生のダンスを自分らしく、積極的に振り付けることで、毎日は意味深く、満たされたものになります。

心のリズムに合わせて踊り、自分の人生を豊かに演出することで、鮮やかな色彩を放つ人生を送ることができます。

次に、人生のダンスをさらに豊かにするための追加のステップを紹介します。

心の声に耳を傾ける

・自分の内なる声を聞き、それが示す道を信じることが大切です。

内なる直感や感覚に耳を傾けることで、人生のダンスがより自然で流れるようになります。

現在の瞬間を大切にする

・「今、この瞬間を楽しむ」という意識を持ち、現在に集中することで、人生のダンスはより明確で意味深いものになります。

瞬間を大切にすることで、人生の各ステップが輝きを増します。

愛と自己受容

・「私は自分自身を愛し、受け入れる」という言葉で、自分自身への愛と受容を育みます。

自己受容は、自信と自己価値を高め、人生のダンスをより積極的にします。

創造性を育む

・「私は創造的である」という言葉で、自分自身の創造性を養い、人生のダンスに新たな動きやパターンを導入します。

創造性は、日常のダンスに独自性と新鮮さをもたらし、自己表現や、挑戦を受け入れる変革を促します。自分の心の声に耳を傾け、現在の瞬間を大切にしながら、感謝の気持ちと自愛を通じて、豊かで充実した人生のリズムを刻むことができます。

社会的なつながりを大切にする

・「私は他人と深いつながりを持つ」という言葉で、社会的な関係を強化します。人とのつながりは、人生のダンスに多様性と豊かさをもたらし、孤独感を減らします。

持続的な成長と進化

・「私は常に成長し、進化している」という言葉で、自己成長と進化に対する意欲を高めます。成長と進化は、人生のダンスに深みと複雑さを加え、さらなる可能性を開きます。

このように、人生のダンスを振り付ける際には、自分自身の内面との対話、現在の瞬間の価値、創造性、社会的なつながり、そして持続的な成長と進化に重点を置くことが重要です。これらの要素を取り入れることで、人生はより豊かで、カラフルで、意味のあるダンスとなり、毎日が充実したものになります。自分の心に従い、自分らしく、情熱的に人生を踊りましょう。

☆未来創造へのアクセス

人生のダンスを振り付ける

人生を豊かにする言葉を選び、それを行動に移します。例えば、「毎日を楽しむ」と自分に言い聞かせ、実際に楽しい活動を計画するなどです。

4　夢へのブループリント！　言葉で人生をデザインしよう！

人生の設計図をつくる

人生とは、私たちの夢や目標を現実化するためのブループリント、つまり設計図です。

このブループリントを作成する際、言葉は強力な道具となり、夢への道を明確にします。

次のステップでは、言葉を駆使して夢や目標の実現に向けた計画を緻密に描いていきます。

夢と目標を言葉で形づくる

自分の夢や目標を具体的に言葉で表現します。

例えば、「私の夢はXで、そのためにはYが必要」といった明確な表現が理想的です。

これにより、夢や目標が具体的で現実的なものとして捉えられ、実現への一歩がはじまります。

ステップバイステップの計画

目標達成に向けての段階的な計画を立てます。

「まずXを行い、次にYを進める」といった形で、一歩ずつ前進することを意識します。

このプロセスでは、やさしいが確固たる意志を持った言葉遣いが重要です。

自己激励のアファメーション

「私は自分の計画に忠実に進んでいる」とか「毎日、私は目標に近づいている」といった自己激励の言葉を用います。

これらのアファメーションは、計画に対するモチベーションを持続させるために役立ちます。

障害に対する前向きな対応

「困難は私をより強くする」「挑戦は私の計画を洗練する」といった前向きな言葉で、途中の障害に対処します。

これにより、計画中に発生するかもしれない困難をポジティブに捉えることが可能になります。

柔軟性の重要性

「計画は変更可能で、それは問題ない」「必要に応じて計画は適応する」といった言葉を使って、計画に柔軟性を持つことの重要性を認識します。

計画の変更や適応が必要な場合も、それを柔軟に受け入れることが成功への鍵となります。

達成感の味わい

「このステップを完了した」「私の努力は実を結んでいる」といった言葉で、達成したことを祝い、その喜びを味わいます。

小さな成功を祝うことで、計画に対する継続的なモチベーションが保たれます。

このようにして、言葉を使って人生のブループリントを描き、夢や目標に向けた計画を現実のものにしていきます。

優しさと確固たる意志を持った言葉遣いで、自分の人生に美しい計画を描くことが重要です。

言葉は夢を現実に変える力を持っており、計画を通じて夢に近づくための大きな励みとなります。

肯定的で具体的な言葉を使い、自分の人生をデザインすることで、夢や目標への道は明確になります。

目標達成への継続的なコミットメント

自分の計画に対する継続的なコミットメントを言葉で表現します。

「私は毎日、自分の目標に向けて一歩を踏み出している」と自己確認し、その決意を新たにします。

逆境からの学び

逆境や失敗から学ぶことも重要です。

「すべての経験は、私に価値ある教訓を教える」という言葉で、どんな状況からも肯定的な側面を見出しましょう。

自己成長への言葉

成長と進化を促す言葉を使います。

「私は日々進化し、自分自身を超えている」という言葉で、自己成長を促進します。

バランスと調和

バランスと調和を保つことの重要性を認識し、「私の人生はバランスが取れ、調和している」という言葉で、日々の生活に均衡をもたらします。

感謝と満足

「私の人生にあるすべてのことに感謝する」という言葉で、現在の状況に対する感謝と満足を表現します。

感謝することで、現状に対する満足感が増し、ポジティブなマインドセットが育まれます。

このように、言葉の力を活用して人生のブループリントを描くことで、夢や目標に向けての道がはっきりと見えてきます。

夢を現実にするためのステップを具体化し、自分の人生に意味と方向を与えることができます。

ポジティブで具体的な言葉選びは、成功への旅路を照らし出し、日々の小さな成功を祝うことで、達成感と充実感を感じることができるでしょう。

☆未来創造へのアクセス

夢のブループリントを描く

自分の目標や夢を言葉にして、それをビジョンボードや日記に記録します。このビジョンを定期的に見直し、夢に向かっての一歩を具体化します。

5　言葉のリハーサルでマスターしよう！

リハーサルの方法

自分の思考や感情を効果的に言葉で表現し、一対一だけでなく、複数でのコミュニケーションの質を高めるためのリハーサルの重要性とその具体的な方法について探究しています。

言葉は私たちの日々の生活において、思考や感情を形づくる重要なツールであり、自己対話や他者との対話において、自信と明確さをもたらすための手段として活用されます。

リハーサルの詳細なステップ

①シナリオの想像と準備

重要な会話やプレゼンテーションのシナリオを詳細に想像し、対話の流れを心の中でシミュレーションします。

これにより、実際の状況に備えて、より効果的なコミュニケーションが可能になります。

②フレーズの事前準備

目的や意図を明確に伝えるためのキーフレーズを事前に準備します。

これは、会話の中で重要なポイントを強調し、相手に対する理解と関心を深めるための重要なステップです。

③実践的な練習

準備したフレーズを実際に声に出して練習し、言葉のニュアンスや響きを確認します。

この実践的な練習は、自信を持って話すための重要なプロセスです。

④感情を込めた表現

言葉に感情を込めて伝えることで、コミュニケーションに深みと説得力をもたらします。

感情豊かな表現は、聞き手に対する思いやりや共感を伝えるのに効果的です。

⑤相手の反応の予測と対策

相手の可能性のある反応を予測し、それに応じた返答を考慮します。

これにより、コミュニケーションの流れをスムーズにし、不測の状況にも柔軟に対応できます。

⑥定期的な自己評価

練習を行った後、自分自身の言葉遣いや表現を評価し、必要に応じて調整します。

これは、より効果的なコミュニケーションを目指すための重要なステップです。

言葉のリハーサルを行うことにより、私たちは自己表現を向上させ、自信を持ってコミュニケーションを行うことができます。

言葉は、私たちの感情や思考を正確に伝え、他者との深い理解と共感を築くための基盤を提供します。

このリハーサルプロセスを通じて、私たちは日常のコミュニケーションをより豊かで意味深いものに変えることができます。

言葉のリハーサルを通じて、私たちは日々のコミュニケーションにおいてより自信を持ち、効果的に自分自身を表現することが可能になります。

⑦実践への応用

リハーサルで磨いた言葉遣いを、実際の日常生活やビジネスの場面で活用します。

これにより、理論から実践への移行がスムーズになり、実生活でのコミュニケーションスキルの向上を図ることができます。

⑧継続的な改善

コミュニケーションは継続的なプロセスであり、常に改善の余地があります。

リハーサルを定期的に行い、新しい状況や挑戦に対応しながら、言葉遣いを洗練させていきましょう。

⑨フィードバックの活用

他者からのフィードバックを受け入れ、それを自分のコミュニケーションスキルの改善に役立てます。

客観的な意見を取り入れることで、自己の言葉遣いをより効果的にすることが可能です。

⑩柔軟性と適応力

さまざまな状況や相手に応じて、言葉遣いや表現を適宜調整する柔軟性と適応力を持つことが重要です。

これにより、どんな状況でも効果的にコミュニケーションを取ることができます。

言葉のリハーサルは、自分自身の思考や感情を正確に伝えるための強力な手段です。継続的な練習と反省を通じて、自分のコミュニケーション能力を高めることができます。日々の言葉遣いに注意を払い、意識的にリハーサルを行うことで、より深い人間関係を築き、個人的および専門的な成功を収めることができるでしょう。

☆未来創造へのアクセス——

言葉のリハーサル

目標達成に役立つフレーズやアファメーションを毎日練習します。これにより、自己表現を強化し、自信を持って目標に向かえるようになります。

6　言葉で人生を操る！　目標に向かうコツ！

言葉で人生を操る方法

人生を自らの言葉で操ることは、意識的な思考と感情の管理が可能になります。

言葉は、私たちの内面を形成し、望む未来への道を照らす強力なツールです。

言葉を使って目標に向かい、人生を操るための詳細な方法を紹介します。

ポジティブな言葉選び

言葉は感情に影響を及ぼすため、ポジティブな表現を意識的に選ぶことが重要です。

例えば、「難しい」という言葉を「挑戦的」と置き換えることで、困難への取り組み方が変わります。

目標を具体的に言葉にする

自己宣言の力を活用し、目標を具体的な言葉で表現します。

「私はXになる」や「私はYを達成する」といった明確な表現を使うことで、目標に対する意識が高まり、行動力へと導きます。

このプラクティスは、目標達成に向けての自己説得と動機づけの強力なツールとなります。

自己激励のアファメーション

日々の自己対話において、「私は十分な能力がある」「私は成功に値する」といった肯定的な自己激励の言葉を取り入れます。

困難に対するポジティブなアプローチ

困難や挑戦を成長の機会として捉え、「困難は私をより強くする」「この挑戦から学ぶ」という前向きな言葉で自己を鼓舞します。

感謝の心を表す言葉

毎日の小さな出来事や人々への感謝を言葉にします。「今日あったことに感謝する」「周りのサポートに感謝する」といった言葉で、感謝の心を育みます。

希望に満ちた未来を描く言葉

未来に対する希望や目標を言葉にすることで、前向きな姿勢を強化します。「私の未来は明るい」「私は夢を実現する」と自己宣言することで、ポジティブな展望と自己実現への道が開かれます。

言葉で描くビジョン

長期的なビジョンや夢を言葉で描き、それを頻繁に思い起こすことで、自分の進むべき道を明確にします。

逆境に立ち向かう言葉

困難な時期には、「この試練は私をより強くする」「私は困難を乗り越える力がある」と自分を励ます言葉を用います。

これらの方法を通じて、言葉を使って自己の思考と感情を積極的にコントロールし、望む人生へと導きます。

言葉は、私たちの現実を形成し、目標への道を明るく照らす力を持っています。

ポジティブで目標指向の言葉を選ぶことで、より充実した人生へと歩むことが可能になります。

ここで紹介した方法は、単に言葉を変えること以上の意味を持ち、自己の内面からの変革を促します。

自己啓発の言葉

「私は日々成長している」「私は自分自身を超える」といった自己啓発的なアファメーションを用いることで、自己成長の旅を加速させます。

目標達成に向けた具体的な言葉

目標達成の過程を描く言葉を使い、「私は毎日Xに取り組んでいる」「Yをすることで、私の目標は現実に近づいている」と自分自身を導きます。

新しいチャレンジ

「挑戦は私の人生を豊かにする」「私は新しい挑戦から多くを学ぶ」といった肯定的な言葉で、新しい経験や挑戦を積極的に受け入れます。

ネガティブな状況のポジティブな捉え方

人生の難しい局面で、「この状況から何を学べるか」や「この経験がどのように私を成長させるか」という視点を持つことで、困難を乗り越える力を養います。

長期的な目標に対する継続的な言葉の使用

「私はXを達成するまで続ける」「Yを達成するために、私は日々努力している」といった言葉で、長期的な目標に対するコミットメントを強化します。

このようにして、言葉を使って自分自身の心理と感情に積極的に働きかけ、望む方向に人生を操ることが可能です。

言葉は、私たちが目指す人生を形づくるための強力なツールであり、日々の言葉選びに意識を向けることは、夢や目標を現実のものとするための鍵となります。

ポジティブで意図的な言葉を選び、自己の心と行動に影響を与え、理想の人生に向かって確実に進んでいきましょう。

☆未来創造へのアクセス
言葉で目標を操る

目標を達成するために、目標指向の言葉を日々の言動に取り入れます。

具体的な目標を達成するためのステップを言葉で表現し、それに基づいて行動計画を立てます。

★この章では、言葉がどのように私たちの日々の生活を変え、目標達成に近づけるかを探ります。日常の会話や思考に少しの変化を加えるだけで、あなたの人生はよりポジティブな方向へと進みます。

この章を読むことで、言葉を選ぶ力を身につけ、夢や目標を現実に変えるための具体的な方法を学びます。

言葉の選び方ひとつで、日々が変わり、目標達成がより簡単になるのです。この章のテクニックを活用して、あなたの日常をより充実させ、夢に向かって着実に進んでいきましょう。

第７章

言葉が創る人生の質！
同じ意味を見つけよう！

1　言葉で健康を呼び寄せるウェルビーイングの秘訣

心身の健康に言葉が及ぼす影響

この章では、言葉が私たちの心身の健康と幸福感（ウェルビーイング）に及ぼす深い影響を掘り下げています。

ポジティブな言葉の使用が私たちの健康に直接的ないい影響をもたらすという考えを基に、次のような方法が提案されています。

自己肯定のアファメーションの実践

自己の健康に関する肯定的な言葉を積極的に用いることで、心理的な安定感と身体的な健康を促進します。

例えば、「私は毎日元気になっている」「私の体は日々強くなっている」といった言葉を用います。

健康的な生活様式への肯定的な言葉の導入

健康的な食生活や運動を楽しむことに対する肯定的な表現を取り入れることで、健康的なライフスタイルを容易に継続できるようにします。

「私は健康的な食事を楽しむ」「運動は私の日々の喜びの一部」という言葉が、健康的な選択を促します。

身体への感謝を言葉で表現

自分の身体が毎日自分を支えてくれることへの感謝を言葉で表します。

「私の身体が毎日私を支えてくれることに感謝する」といった言葉は、自己の身体に対するポジティブな関係を強化します。

困難や挑戦に対する前向きな反応

健康上の挑戦や困難に対して、「この挑戦は私をより強くする」「困難は私を成長させる機会」という肯定的な視点で対応することで、乗り越える力を養います。

この章は、言葉の力を利用して自己の健康に対する敬意を表し、積極的な自己ケアを行うことを奨励しています。

言葉によって形成される私たちの身体への認識は、最終的に健康とウェルビーイングに大きな影響を与えます。

日常の言葉の選び方に意識を向けることで、自分の身体に対する愛と感謝を深め、健康で満足のいく人生を送るための基盤を築くことができます。

この章では、言葉の選び方を通じて、私たちの健康と幸福感を積極的に高めるための実践的な手法を提供し、それらを日常生活に適用するためのガイダンスを提供しています。

☆未来創造へのアクセス

ウェルビーイングのための言葉を日々に取り入れる

毎日、健康と幸福感を高める言葉を意識的に使いましょう。

朝起きたときや就寝前に、「今日も元気でいられることに感謝」と自分に言うなど、ポジティブな言葉を習慣化します。

2　豊かさを言葉で解こう！　方程式のコツ！

内面の豊かさを育む方法

この章では、言葉が私たちの内面的な豊かさに与える影響に焦点を当て、それを育む方法を深掘りしています。

物質的な富だけでなく、心の満足感や喜び、内なる平和から生じる真の豊かさについて理解を深めます。

言葉を用いて内面的な豊かさを引き寄せ、育むための具体的な戦略です。

内面的豊かさを育む肯定的アファメーション

「私は価値ある存在で、自分自身を尊重する」「私の人生は充実しており、毎日が新たな発見でいっぱい」といった言葉で、自分自身の価値と日々の生活の豊かさを確認します。

感謝の表現

「今の瞬間に感謝する」「私の周りの美しい自然に感謝する」といった言葉で、日々の生活の中にある小さな美しさや幸せに気づき、感謝の気持ちを育てます。

ポジティブな未来を描く言葉

「私の未来は無限の可能性で満ちている」「私は毎日、自分の目標に近づいている」といった言葉で、明るい未来を描き、それに向かって進む意欲を高めます。

困難を乗り越える励ましの言葉

「すべての困難は私をより賢くし、私の経験は強さの源である」といった肯定的な言葉で、挑戦へのアプローチを変えましょう。

これらのアファメーションは、困難を乗り越える内なる強さを育て、逆境を成長の機会と捉える力を与えます。

豊かさへの肯定的なアファメーション

「私は豊かな人間関係に恵まれている」「私の心は愛と感謝で満ち溢れている」といった言葉で、周囲の人々や日常の感謝すべき点に対する認識を深めます。

目標と夢に向けた言葉

「私は自分の目標をクリアに描き、それに向かって進む」「私の努力は必ず成果を生む」といった言葉で、目標達成に向けた自信と決意を強化します。

自己肯定と自己受容

「私は自分の過去も含めてすべてを受け入れる」「私は自分自身のユニークさを祝福する」といった言葉で、過去の経験や個性を肯定的に捉えます。この章では、言葉を通じて内面的な豊かさをどのように感じ、表現し、深めるかについて具体的な方法を提供しています。

言葉によって心の豊かさを育み、日々の生活に喜びと感謝をもたらすことで、人生はより充実し、満たされたものになります。

言葉は私たちが感じる豊かさを深め、心の満足をもたらす力強いツールです。

これを実生活に積極的に取り入れることで、より豊かで満足感のある人生を創造することができます。

☆未来創造へのアクセス――――――――――――――――――

豊かさを引き寄せる言葉の選択

自分の周りの豊かさに気づき、それを言葉にします。

例えば、「私の人生は豊かさに満ちている」と毎日思い出すようにしましょう。

3　言葉で絆が強くなるよ！　家族のハーモニー！

言葉で家族の絆を強くする方法

言葉は、家庭生活においてただのコミュニケーションツール以上の重要な役割を果たし、家族間の絆を深め、感情を共有し、お互いを支え合うための基盤を築きます。

言葉を通じて家族間の絆を強化し、家庭生活をより豊かで意味深いものに変えることができるのです。

感情の共有と絆の強化

家族間で使われる言葉は、ただの会話を超えて、愛情、信頼、支持といった感情を共有し、深い絆をつくります。

例えば、子どもが何か新しいことに挑戦したときに、「よくできたね！」と励ます言葉は、子どもに自信を与えるだけでなく、親子間の絆を強化します。

日々の生活の中の特別な瞬間の作成

日常生活の中の小さな出来事や活動に対する肯定的な言葉は、家庭の中での幸せや満足感を高めます。

例えば、家族での晩御飯の時間に「みんなで食べるともっと美味しいね」と言うことで、食事の時間が特別な家族の絆の瞬間に変わります。

サポートと励ましの表現

家庭内での励ましやサポートの言葉は、家族メンバーが困難や挑戦に直面したときに重要です。

「大丈夫、一緒に乗り越えよう」というような言葉は、家族がお互いを支えているという安心感を与えます。

オープンなコミュニケーションの促進

家族間でのオープンで正直な会話は、信頼と理解を築く上で重要です。

「どうして悲しいの?」や「学校で楽しかったことを教えて」といった言葉は、家族間での信頼を深め、心を開いて話す文化をつくります。

このように、家庭生活における言葉の役割の深化は、単なる会話以上のものを意味します。言葉を通じて家族間の絆を深め、お互いの感情を共有し、支え合い、家庭生活をより豊かで意味深いものにするのです。

☆未来創造へのアクセス

家族の絆を強める言葉の実践

家族に対して日々感謝と愛情を表現します。

家族との会話で「あなたのことを大切に思っている」と伝えるなど、心のこもった言葉を使いましょう。

4　言葉でキャリア成功へのコツをつかむよ！

言葉でキャリア成功を実現する方法

この章では、職業的な成功への道を照らすのは、言葉の力であるという重要なテーマを掘り下げています。

ここでは、キャリアの成功を実現するために、言葉をどのように効果的に使うかについて、具体的な方法を提供します。

目標達成のための具体的な言葉遣

キャリアの目標を明確にし、「私はこの分野で革新を起こす」や「私の専門技術は日々進化している」といった具体的な言葉を使用して、目標への献身と情熱を言語化します。

これにより、目標への道筋が明確になり、行動への確固たる意志が生まれます。

自己励起のアファメーションの強化

「私はこの分野でのリーダーになる」とか「私の仕事は価値ある変化を生む」などの言葉を使い、自己の潜在力と業界での影響力を確信します。

これにより、自己信頼と行動への推進力が高まります。

困難への積極的な対応

「困難は私を磨き、新しい才能を開花させる」といった前向きな姿勢を保ち、チャレンジを成長の機会と捉えます。

これにより、難題を乗り越える際の創造的な解決策が生まれます。

チームワークを促進する言葉

「私たちの団結が私たちの成功を導く」とか「一緒に働くことで、私たちはより強くなる」といった言葉で、チーム内の協力と連帯感を強化します。
これにより、共同作業が円滑に進み、チーム全体の成果が向上します。

プロフェッショナルアイデンティティの確立

「私はこの業界の先駆者だ」「私のアイデアは業界を変える」といった言葉で自己の専門性をアピールし、プロフェッショナルとしての自己確立を図ります。

目標達成に向けた戦略的な言葉遣い

「次の一歩は――で、これが私を――に導く」といった具体的な戦略を言葉にし、実行可能な計画を立てます。

ポジティブなコミュニケーションの実践

職場で「私たちはこの問題を解決できる」「私たちの協力がプロジェクトを成功に導く」といったポジティブな言葉を使うことで、困難な状況でもチームの士気を高めます。
このようなコミュニケーションは、協力的な環境を創り出し、各個人のプロフェッショナルアイデンティティを強化し、目標達成に向けた戦略的な言葉遣いを通じて全員のモチベーションを向上させる効果があります。

キャリアの道を定義する言葉

「私は自分のキャリアでこれを達成するために――をする」といった言葉を使って、自分のキャリアの道を定義し、具体的な行動を決定します。

これにより、キャリア目標に向かって効果的に進むための道筋が明確になります。

逆境をチャンスに変える言葉

「この困難は新しい視点を提供する」「この挑戦は私のスキルを向上させる」といった言葉を使い、逆境を乗り越え、自己のスキルを向上させる機会として捉えます。

この章では、言葉が単なるコミュニケーションのツールにとどまらず、自己実現、チームワーク強化、プロフェッショナルアイデンティティの構築、リーダーシップなど、キャリアの成功に不可欠な要素であることを強調しています。

言葉を意識的に選び、戦略的に使うことで、私たちのキャリアはより明確な方向へと進み、成功への道が拓けます。

効果的なコミュニケーションは、自分自身のキャリアを形づくるだけでなく、周囲との協力的な関係を築き、職場の環境を豊かにするための重要な鍵となるのです

このような言葉の選択と使い方は、私たちが直面する挑戦をチャンスに変え、プロフェッショナルな成長を促します。

☆未来創造へのアクセス

キャリア成功に向けた言葉の活用

職場で自信を持って行動するために、「私はこの仕事が得意だ」「私は成功する」といった自己肯定的な言葉を使います。これにより、自己効力感が高まります。

5　時間を賢く使う！　言葉で効率アップ！

時間管理の芸術を極めるために、言葉の魔法を使う方法を洗練されたアプローチで探求しています。私たちの貴重な日々は、いかにして言葉の力で華やかに彩ることができるのかを紐解きます。

目標設定における言葉の輝き

「今日、私が輝かせる目標は――」や「この仕事を煌めく星のように完成させるには――時間」など、目標設定において鮮やかな言葉を選び、日々のタスクに色と光を与えます。

このアプローチは、普段の活動に向けた熱意と活力を与え、時間を充実させる役割を果たします。

時間管理アファメーションの妙技

「私は時間という舞台で巧みに踊る」「私の時間は金色の糸のように貴重」といった言葉で、自身の時間管理能力に光を当てます。

これらの言葉は、日々の選択に対する自信と洞察を養い、時間を華麗に舞うスキルを高めます。

時間の無駄遣いを避ける賢明な問い

「この活動は私の時間の宝石箱にふさわしいか?」や「時間の海を航海する際に、どの道具が最も効果的か?」などの問いを自問自答することで、時間の無駄遣いを洞察し、避ける知恵を育てます。

時間への深い感謝の表現

「今日もたっぷりの時間という贈り物に感謝」や「時間という宇宙の贈り物を有効に使えた喜び」など、時間への感謝の言葉を唱えることで、その無限の価値を深く認識し、大切に扱う心を育てます。

効率的なコミュニケーションの華

「私たちの対話は、時間の花園を華やかに彩る」や「このミーティングは、時間という絵画に色を加える」といった言葉で、会話やミーティングの時間を効果的かつ芸術的に使います。

言葉で時間を彩る生活術

時間を精妙に扱うための言葉の力を探求し、それを通じて私たちの生活をよりリッチで意義深いものに変える方法を提案しています。

時間は限られたものですが、それをどのように使うかで私たちの人生は大きく変わります。

時間を大切にし、賢く使うことで、私たちは毎日をより色鮮やかで意義あるものに変えることができるのです。

☆未来創造へのアクセス

時間管理を改善する言葉の選択

時間を効率的に使うために、「今日はこのタスクに集中する」といった具体的な目標を設定し、それに向けた言葉を使って自分を導きます。

6　学びの冒険、無限の探求をはじめよう！

言葉の使い方を探る

学びと成長の旅路において言葉が果たす不可欠な役割に光を当てる項です。

この項では、知識の追求が私たちの人生に無限の豊かさと新たな視野をもたらすという概念を探求し、そのための言葉の使い方を探ります。

このプロセスを通じて、無限の可能性を引き出し、人生に深みと意味を与える方法を学びます。

学びに対する情熱の言葉

「新しい発見に胸が躍る」「常に知識の海を泳ぐ準備ができている」などの言葉で、学びに対する深い情熱と好奇心を燃え立たせます。これらの言葉は、学習の火を灯し続けるための燃料となります。

探究心を刺激する質問の技術

「この謎の背後には何が隠されているのか？」や「このトピックをもっと広く深く掘り下げるにはどうすればいいのか？」といった質問を投げかけることで、探究心を養い、知識の海をより深く探検します。

学習の反省と洞察を深める言葉

「この出来事から得た教訓は何か？」「今日の学びが将来にどのように影響するか？」という自己問答を通じて、学んだことを振り返り、深い洞察を得ることができます。

共有する知識の力

「この興味深い事実を皆と共有したい」「私が学んだこの洞察は他の人にも価値あるものになるだろう」という言葉を用いて、得た知識を広め、学びの輪を拡大します。

このアプローチは、共有と相互の成長を促し、新たな知識と洞察を生み出します。

学習の挑戦に立ち向かう励ましの言葉

「この障害は私の学びの道を照らす灯台だ」「毎日の小さな発見が大きな成長への道標」といった前向きな言葉で、学びのプロセスでの困難を克服し、成長へと導きます。

この項は、学びの旅を豊かにし、絶えず新しい知識を求める旅を強化するために言葉をどのように活用できるかを示します。

言葉は、私たちの学習プロセスを豊かにし、新たな発見への扉を開くカギとなります。

学び続けることは、私たちの人生に無限の可能性の扉を開きます。

日々新しい知識を吸収し、未知の領域を探求することで、私たちは新しい地平線へと導かれます。

この絶え間ない学習の旅は、私たち自身の内なる世界を豊かにし、未知なる道への勇気を与えます。

学びは単なる知識の蓄積にとどまらず、私たちの視野を広げ、個人としての成長を促進します。

それは、新たな可能性を発見し、自己実現への道を照らす光となるのです。

常に学び、探究する心は、人生を豊かで刺激的な冒険へと変える鍵となります。

☆未来創造へのアクセス

学びの旅を促進する言葉の採用

新しい知識や技能を習得する際に、「毎日少しずつ学んでいく」という意識を持ち、好奇心を刺激する言葉を日常に取り入れます。

7　言葉で幸せを描く！　喜びの象徴！

言葉で幸福感を高める方法

言葉が私たちの幸福感をどのように捉え、強化するかに深く焦点を当てます。

日常の小さな瞬間から大きな出来事まで、言葉は私たちの感じる幸福を具体化し、心にポジティブな感情を満ち溢れさせる力強いツールとなります。

以下に、言葉を使って幸福感を高める実践的な方法を詳細に探求します。

積極的な幸福感のアファメーション

「今日は幸せが輝く1日」「私の心は喜びの花で満たされている」といった肯定的な言葉を使い、内なる幸福感を日々の瞬間に見出し、それを強化します。

日常の小さな瞬間の喜びを言葉で謳歌する

「朝日の温もりに感謝」「友人の笑顔が私の心を満たす」といった、日々の生活の中での小さな瞬間に対する感謝を言葉にし、それぞれの瞬間の価値を心に刻みます。

何気ない日常で幸せを見つけ、言葉で表現することは、今を大切にし、日々を豊かにします。

感謝の心を表現する言葉

「家族の絆に心からの感謝」「今日のすべての瞬間にありがとう」といった言葉で、日々の出来事や周囲の人々に対する感謝の気持ちを表現し、感謝の心を育みます。

困難を前向きに捉える励ましの言葉

「困難は成長の種」「この挑戦が私の人生に新しい色を加える」といった言葉で、逆境をポジティブな成長の機会として捉え、困難を乗り越えた際の幸福感を想像します。

喜びを分かち合う言葉

「あなたとの時間は私の幸せのオアシス」「私たちの笑顔が世界を明るくする」といった言葉で、家族や友人との幸せな瞬間を共有し、その喜びを周囲に広げます。

この項では、言葉が私たちの幸福感をどのように形成し、強化するかを深く探り、言葉を通じて日々の生活に幸せと感謝の花を咲かせる方法を提供します。

言葉を使って日々の幸せを心に留め、感謝し、共有することで、私たちの幸福感はより豊かで深いものになります。

ポジティブな言葉遣いは、光輝く人生のキャンバスに色と生命を与える魔法の筆です。

それは私たちの日々を幸福で溢れたものに変え、心に喜びの絵を描き出します。

言葉1つひとつが、人生という美しい絵画に深みと輝きを加える重要な役割を果たし、幸せという究極の傑作を創り出すのです。

☆未来創造へのアクセス

幸せを引き寄せる言葉の使用

毎日の小さな喜びを見つけ、「今の瞬間に幸せを感じる」と感謝の心を持ちましょう。

これにより、日々の幸せが増していきます。

★この章では、日々の言葉がどのように私たちの人生に影響を与えるかを学びます。

ここで紹介するテクニックを取り入れることで、健康、豊かさ、家族との関係、仕事の成功、時間の効率的な使い方、新たな学び、そして幸福感が向上します。

普段使う言葉を少し変えるだけで、あなたの日常はよりよいものに変わります。

言葉は単なる会話以上のもので、あなたの生活を豊かにし、素晴らしい未来を築くための力強い道具です。

この章を読んで、あなたの人生をより豊かにする言葉の使い方を見つけましょう。

言葉には、人生の質を向上させる驚くべき力があります。

この章から得られる洞察と知識が、毎日を価値あるものに変える鍵です。

おわりに

言葉が紡ぐ新たな章 ― 未来への扉を開けよう

この瞬間、あなたはこの書籍の最後のページをめくり、新しい旅立ちの一歩を踏み出そうとしています。

ここで得た「言葉の力」という貴重な知識は、あなたの心の奥深くで永遠に煌めき続けます。

あなたの言葉が、これからの人生の道しるべとなり、未知の可能性の扉を開く強力なキーになるでしょう。

あなたの言葉、あなたの未来

言葉は単なる音の連なり以上のもの。それは感情を動かし、思考を形づくり、行動を促す力を持っています。

本書を読み終えたあなたが、自分の言葉に潜む無限の可能性を感じ取れたなら、それは私たちの最大の喜びです。

あなたの言葉が自己を昇華させ、周囲に希望と光をもたらすことでしょう。

社会的な変化への言葉の力

言葉には、社会的な出来事を解決し、人々をつなぐ魔法のような力があります。

良好な会話ひとつで世界は変わることがあり、言葉は時に人々の心を救い、新たな可能性を生み出します。

輝く未来への一歩

本書から得た学びとともに、あなたの言葉で日々の生活を彩り、明るい未来を描きましょう。

「今日は素晴らしい日になる」「ありがとう」「私にはできる」といった力強い言葉を駆使して、あなたの内なる光を輝かせてください。

未来への鍵を握る言葉

夢と希望を心に秘め、「私はこれを成し遂げる」と自分に言い聞かせることで、未来への扉を開けます。

あなたの言葉が、希望に満ちた美しい未来へのパスポートとなります。

あなたがこの本を閉じた瞬間、新しい物語が幕を開けます。言葉には人生を変える力が宿っています。

あなたの言葉で、希望に満ちた未来を描き出しましょう。

信じてください、あなたの言葉には夢を現実に変える力が宿っています。
あなたが踏み出す次の一歩が、輝く未来への扉を開き、周囲の人々への幸せと世界の平和へとつながることでしょう。

坪井　波子

著者略歴

坪井　波子（つぼい　なみこ）

３歳のときに生死を彷徨い、後の人生とキャリアに深い影響を受ける。小児喘息他の病など健康上の困難に直面。20 代でサロンを経営しはじめ、気功、アロマセラピー、フラワーエッセンス、アーユルヴェーダ、レイキなど、ホリスティックな視点からの学びを深めた。2019 年には世界のエネルギーの変化を感じ取り、2020 年夏至に意識進化占星術との出会い、ホロスコープを通じて世界の変化を理解する新たな視点の提供をはじめる。現在、20 代から続けているプライベートサロンを経営。言葉のパワーという言霊を活用すると同時に、アファメーション、瞑想、祈りを通じて、非言語の世界への道を開き、占星術やコーチング、他の技術を多くの人に実践している。
AUC 意謙進化占星学全講座
DrTAACLE 国際ディプロマ・Associate Facilitator　認定次世代コーチマインドリーダーシップディプロマ認定
リーダーシップ時空間の R ゆらぎマスターコース修了
Dr. 苫米地アカデミー修了
苫米地式コーチング認定コーチ補
日本語教師民間資格

https://kotodamanamiko.com/

言葉の魔法・人生を変える実践ガイド
あなたが使う言葉で、思考、感情、行動を変える！

2024年３月28日　初版発行

著　者　坪井　波子　© Namiko Tsuboi

発行人　森　　忠順

発行所　株式会社 セルバ出版
〒 113-0034
東京都文京区湯島 1 丁目 12 番 6 号 高関ビル 5 B
☎ 03（5812）1178　　FAX 03（5812）1188
https://seluba.co.jp/

発　売　株式会社 三省堂書店／創英社
〒 101-0051
東京都千代田区神田神保町 1 丁目 1 番地
☎ 03（3291）2295　　FAX 03（3292）7687

印刷・製本　株式会社 丸井工文社

Printed in JAPAN
ISBN978-4-86367-880-4